Michael Sohmen

Der Jakobsweg am Meer

Meine Wanderung auf dem Camino del Norte

Impressum

© 2019 Michael Sohmen
Buchcover: Michael Sohmen
Herstellung und Verlag: BoD - Books on Demand

Druckversion 1
Erste Veröffentlichung April 2019

Kontakt: michael@pilgern-online.de
Internet: http://www.pilgern-online.de

ISBN: 9783749449941

MIX
Papier aus verantwortungsvollen Quellen
Paper from responsible sources
FSC® C105338

Baskenland

Pais Vasco

Das letzte Abenteuer der Menschheit

1. August, Irun, der Startpunkt des Camino del Norte

Viele träumen davon, einen 8000er zu besteigen, die Antarktis zu durchqueren oder gar einen neuen Kontinent zu entdecken. Den meisten bleibt es verwehrt. Aber es gibt großartige Abenteuer, die jeder Mensch erleben kann. Auf dem Jakobsweg.

Vor zwei Jahren war ich auf meinem ersten Pilgerweg, dem *Camino Francés*. Der bekannteste aller *Caminos* war ein Erlebnis, das mich nie mehr losgelassen hatte. Dramen, Bilder und Erinnerungen sind noch so präsent, als wäre alles gestern erst passiert.

Diesmal habe ich mir einen ganz besonderen Leckerbissen vorgenommen. Die spanische Nordküste direkt am Meer. Frühmorgens lande ich mit dem Fernbus in San Sebastian, wo der Weg zwar nicht beginnt, doch da ich um 5 Uhr morgens angekommen bin, setze ich auf Bewährtes. Ich begebe mich zum Strand und warte auf die Morgendämmerung.

Als sich die Sonne am Horizont erhebt, laufe ich zur Station des *Euskatren*. Die Fahrt nach *Irun* gleicht einer Reise durch die Schweizer Berge. Tunnel, Bergrücken und enge Täler mit Ortschaften, deren Gebäude sich bis an die Felswände schmiegen, manches Haus klammert sich an einen Abhang.

Dass mir noch unbekannt ist, wo sich die Herberge von *Irun* befindet, sehe ich positiv. So kann ich die Wartezeit mit einer Erkundigung überbrücken. Bei der Suche erreiche ich ein kleines Haus mit der Aufschrift *Frontière*. Der Grenzübergang. Auf der anderen Seite befindet sich Frankreich, *Hendaya* nennt sich die Stadt jenseits. Bei einer Rundtour entdecke ich keine erwähnenswerten Sehenswürdigkeiten, decke mich in einer *Boulangerie* mit Croissants ein und kehre nach Spanien zurück. Grenzbeamte sind nirgends zu sehen. Hier zeigt die Europäische Union ihre wunderbare Seite. Bei der Überquerung der Brücke über den Fluss würde mir nicht einmal auffallen, dass ich von einer Stadt in die nächste wechsle.

Als ich zur Mittagszeit die Herberge endlich gefunden habe, begegne ich am Eingang dem Verwalter, der mir sagt, dass die Unterkunft erst am späten Nachmittag geöffnet wird.

Die Zeit bis dahin vertreibe ich mir mit einem Stadtrundgang. Als mir immer noch viel Zeit bleibt, begebe ich mich in einen Naturpark unterhalb der Stadt. Dort befindet sich ein Vogelschutzgebiet mit einem Rundgang, der durch eine Auenlandschaft führt. Es gibt Beobachtungsstationen, aus denen man heimlich Möwen, Enten, Schwäne und mir unbekannte Vogelarten beobachten kann.

Eine halbe Stunde vor der Öffnungszeit kehre ich zur Herberge zurück, dort hat sich mittlerweile eine Schar an Pilgern versammelt. Als sich die Tür öffnet, geht es zu wie beim ersten Sommerschlussverkauf nach der Öffnung der DDR-Grenze. Zu viele Leute, zu wenig Angebote. Ich bin froh, dass ich mir einen Platz vorne in der Schlange erkämpfen kann und nicht bei der Verteilung der Schlafplätze leer ausgehe.

Wiedersehen

2. August, Irun → San Sebastian

Nachdem ich *Irun* hinter mir gelassen habe, führt ein steiler Aufstieg auf ein Plateau, welches mit dem *Santuario de Guadalupe* gekrönt ist. Die Kirche aus dem sechzehnten Jahrhundert ist in der großen Ära der Seefahrt erbaut worden, rundum kann man das Meer sehen. Die Aussicht könnte idyllisch sein, wenn der Nebel nicht so dicht wäre und kein Nieselregen fallen würde.

Die Trübsal löst sich auf, als ich ein bewaldetes Gelände hinter mir gelassen habe und mir der Blick hinunter eine grandiose Aussicht auf einen Hafen bietet. Mächtige Lastschiffe und Ruderboote machen sich bei der Fahrt durch einen engen Kanal gegenseitig den Platz streitig.

Unterhalb von mir befindet sich eine Burgruine. Nachdem ich viele Stufen an ihr vorbei bis zum Hafen hinabgestiegen bin, zieht mich die malerische Altstadt von *Pasai Donibane* in ihren Bann. Deren Häuser sind so eng zusammengerückt, dass sogar die Straße darunter verschwindet. Ich wandere durch Tunnel an grün-roten Flaggen und Plakaten vorbei, die für ein autonomes Baskenland werben und erreiche eine Anlegestelle. Am Ufer ist eine Pilgerfigur aus Metall aufgestellt, die ein Ruder in der Hand hält. Ich hatte gelesen, dass man sich komfortabel mit dem Boot zur anderen Seite bringen lassen könnte. Wenn ich das täte, wäre ich ein *Touregrino*. So bezeichnet man Pilger, die sich per Taxi von Ort zu Ort kutschieren lassen. Andere sollen das ruhig tun, doch mein Weg ist das nicht. Meine Füße können mich noch weit tragen, zudem habe ich es nicht eilig. Ich will jeden Meter des *Camino del Norte* in vollen Zügen genießen. Nicht in einer überfüllten Bahn, sondern zu Fuß.

Als ich die Anlegestelle und die malerische Stadt hinter mir gelassen habe, folgt totale Ödnis. Die Neubausiedlungen sind wenig abwechslungsreich und als ich den industriell genutzten Teil des Hafens erreiche, sehe ich nur noch Schrott. Unmengen von Schrott. Aus dem, was über die See angeliefert wurde, hatte man ein gigantisches Gebirge aus Altmetall errichtet. Mit einem Güterzug wird es weitertransportiert, an dem komme ich am Ende des Geländes vorbei. Während ich auf dem Seitenstreifen der Autobahn vorangehe, führe ich ein stummes Selbstgespräch.

Ich hätte mir die fünf Kilometer der totalen Monotonie mit einer kurzen Bootsfahrt ersparen können. Doch auf der allerersten Etappe des *Caminos* so einen Kompromiss einzugehen, schien mir absurd. Wäre mir jedoch klar gewesen, was ich mir durch diesen Umweg eingebrockt habe, wäre eine Überfahrt die bessere Entscheidung gewesen.

Während die Temperaturen ansteigen, gestaltet es sich schwierig, einen geeigneten Weg vom Hafen durch Vorstadtsiedlungen bis zum heutigen Ziel zu finden. Als ich den Sandstrand endlich vor mir sehe, fällt eine Last von mir. Ich bin angekommen. Es ist San Sebastian mit seiner schier endlosen Strandpromenade. Leider darf ich es mir nicht erlauben, eine längere Pause einzulegen und die Sonne zu genießen. Die Erinnerung an den gestrigen Pilgeransturm treibt mich vorwärts. Mein Umweg hat mich viel Zeit gekostet und vermutlich bin ich schon zu spät. Wenn ich mich beeile, kann ich in der Unterkunft vielleicht noch den letzten Platz erwischen.

Nach meinen Informationen gibt es für Pilger nur die Jugendherberge, diese befindet sich erst ganz am Ende von San Sebastian. Nach unzähligen Schritten die Promenade entlang und nach einem Tunnel weist der gelbe Pfeil nach links, bergauf. Nach wenigen Metern entdecke ich schon den gesuchten Hinweis an einem Gebäude. Die Herberge. Ich bin angekommen. Doch ich hätte mir Zeit lassen können, denn die Herberge ist noch nicht geöffnet und bis auf eine kleine Schülergruppe wartet niemand.

Nachdem ich mich eingerichtet habe, nehme ich Kontakt zu Javi auf. Den spanischen Pilger habe ich auf dem *Camino Francés* kennengelernt. Er wohnt in San Sebastian, nicht weit von der Herberge und er verspricht, in wenigen Minuten mit dem Auto hier zu sein. Ich warte am Eingang, als plötzlich eine Kolonne von Polizeiautos vorbeifährt. Die Straße wird abgesperrt. Eine Stunde lang passiert nichts, danach rauschen Radfahrer vorbei. Es folgen unzählige. Mal fährt ein einzelner den Berg hinab, mal eine größere Gruppe. Während die Leute am Rand applaudieren, denke ich an Javi. Irgendwo steht er mit seinem Auto an den Absperrungen und kommt nicht durch. Nach zwei Stunden ist der Spuk fast vorbei, lustig dekorierte Kettcars und Dreiräder fahren vorbei und nach einem kurzen Seifenkistenrennen wird die Absperrung aufgehoben. Die *Clásica San Sebastián* ist beendet.

Nach dem Zwischenfall und einer verspäteten Begrüßung begebe ich mich mit Javi an die Küste, um den Strandbesuch nachzuholen und das sonnige Wetter zu genießen. Nach einer Abkühlung im Meer lasse ich mich von seinem besonderen Tipp überzeugen, den *Monte Igueldo* am Ende der Küste zu besichtigen. Mit der Bergbahn geht es hinauf, auf dem Plateau befindet sich ein umfangreicher Themenpark. Man kann mit dem Boot auf einem Wasserlauf rund um den Hügel fahren, etwas weiter sind Fahrgeschäfte und Stände aufgebaut. Bevor wir uns dem leiblichen Wohl widmen, führt Javi mich auf eine Terrasse.

»Es ist der schönste aller Jakobswege. Auf den folgenden 800 Kilometern wirst du das Meer stets auf deiner rechten Seite sehen.« Er weist zum bewaldeten Gebirge. Dunkles Grün, so weit das Auge reicht. In der Tiefe hört man die Brandung gegen die Felsen hämmern und sieht Wellen, die sich in weißer Gischt aufbäumen. Vom diesem Hügel hat man eine wunderbare Fernsicht.

Nach dem sagenhaften Blick auf die kommende Etappe gehen wir weiter. Javi zeigt zur Altstadt und weist eine Anhöhe hinauf. Dort thront ein mächtiges Gebäude mit zwei Türmen.

»Dies war früher der Bischofssitz. Es ist mit Abstand das größte Gebäude und wird heute als Schule genutzt«, erzählt er und zeigt weiter in die Ferne, zum Ende der Stadt. »Dort befindet sich die teuerste Privatwohnung von ganz Spanien. Die ist nichts Besonderes, doch San Sebastian ist die begehrteste Stadt unter den Spaniern. Sogar der einstige Diktator General Franco hatte hier seine Sommerresidenz errichtet.«

»Wie wäre es mit Bier?«, frage ich ihn. Ich hatte genügend über die wichtigsten Sehenswürdigkeiten der Stadt erfahren, mittlerweile setzt die Dämmerung ein.

»Okay«, antwortet er und wir begeben uns zu einer der Jahrmarkt-Buden. »Ich gebe die erste Runde aus, du die zweite.«

Er reicht mir einen Plastikbecher mit Bier, bis zum Rand gefüllt und frei von Schaum. So, wie es sich auf dem Jakobsweg gehört. »Wie war die erste Etappe?«

»Derzeit sind unglaublich viele Pilger unterwegs«, antworte ich. Zum Glück kann ich mich mit Javi fließend in Englisch verständigen.

»Das wundert mich nicht. Im Juli und August sind viele auf dem *Camino del Norte* unterwegs, die eigentlich gar keine Pilger sind. Viele wandern nicht und sitzen nur am Strand.«

Während ich wie verabredet das zweite Bier besorge, entschuldigt er sich, dass er nicht viel über den Küstenweg sagen könnte, da er ihn noch nicht unternommen hätte. Derweil meldet sich mein Hunger, da ich ohne Frühstück gestartet bin und mich auf dem Weg nur mit einer Tortilla gestärkt hatte. Wir verlassen den Hügel, schlendern durch die Innenstadt und sehen uns nach Restaurants um. Meine Hoffnung, jenes auf dem Jakobsweg beliebte Pilgermenü für 10 Euro auf einer Speisekarte zu entdecken, erfüllt sich nicht. Selbst die preisgünstige Alternative namens *Plato combinado* wäre mir recht, doch auch die gibt es nirgends. Stattdessen wird Essen zu Preisen ab 18 Euro aufwärts angeboten und zwar ein Getränk. Wir klappern das neunte Restaurant ab und können uns für kein Angebot entscheiden. Zudem hatte uns keine der Lokalitäten wirklich angesprochen, da wir an diesem lauwarmen Abend gerne draußen sitzen würden.

»Ein preisgünstiges Lokal kenne ich leider auch nicht. Im Baskenland ist alles viel teurer als in anderen spanischen Regionen«, klärt er mich auf.

Als wir um die Ecke biegen, entdecken wir ein Restaurant. Es hat eine Glasfassade und davor eine Terrasse, auf der ein Tisch unbesetzt ist. Es ist die einzige Gelegenheit, bei der wir draußen sitzen können. Es wird ein Menü beworben, das mit Aufpreis auf der *Terraza* 20 Euro kosten würde. Mittlerweile ist mir klar, dass eine Suche nach etwas Preisgünstigerem in dieser Stadt eine Illusion ist.

»Wie wäre es hier?«, fragt er und ich nicke kurzentschlossen.

»Es gibt für *Donostia* typische Spezialitäten«, sagt er nach einem Blick auf die Karte und übersetzt die Auswahlmöglichkeiten, da ich daraus nicht schlau werde. Wir entscheiden uns für Gemüselasagne als Vorspeise. Als Hauptgericht wählt er Gambas und als Dessert Eiscreme, ich entscheide mich für Lamm und *Flan* als Nachspeise. Wenn ich Glück habe, ist es nicht der Fertigpudding, sondern die besonders leckere Spezialität *Crema Catalana*.

Nachdem Javi die Bestellung aufgegeben hat, bin ich neugierig, was es mit der Bezeichnung *Donostia* auf sich hat. Den Namen hatte ich häufiger gelesen, dessen Bedeutung hatte sich mir bisher noch nicht erschlossen.

»*Donostia* ist der baskische Name von San Sebastian.«

»Aha.« So einfach. Ich frage ihn: »Kannst du baskisch?«

»Ein wenig. Nachdem ich mit meinen Eltern ins Baskenland umgezogen war, hatte ich an der Schule begonnen, die Sprache zu lernen. Es gibt fast niemanden, der damit als Muttersprache aufgewachsen ist. Denn zur Zeit der Franco-Diktatur war baskisch streng verboten und auch die anderen regionalen Sprachen wurden unterdrückt. Die Hochsprache *Castellano* sollte zum Standard werden. Nach dem Ende der Diktatur wurde das Verbot jedoch aufgehoben und man begann, die Vielfalt der Sprachen wiederzubeleben.«

Während wir plaudern, werden die Speisen serviert. Diese sind sehr übersichtlich. Mein Teller mit Lasagne ist nach drei Löffeln leer. Meine Lamm-Spezialität stellt wenig mehr dar als drei Knochen zum Abnagen. Dennoch schmecken die Gerichte lecker, besser als gar nichts, zudem haben wir eine Flasche Wein inklusive. Wir unterhalten uns über Urlaubspläne. Für Javi wäre es wegen seiner Projektarbeit unmöglich, Urlaub zu nehmen. Genauso wenig könnte er mehrere Wochen auf dem Küstenweg wandern. Dafür hat er geplant, nächstes Jahr die ungarische Pilgerin in ihrer Heimatstadt Budapest zu besuchen. Auf dem portugiesischen Jakobsweg hatte sich Agnes unserer Gruppe angeschlossen und unterwegs hatten die beiden zusammengefunden.

Javi will mir noch etwas Besonderes zeigen. Ein Kunstwerk, das beim abendlichen Wellengang seine Wirkung entfaltet. Wir gehen über den leeren Sandstrand wieder in Richtung *Monte Igueldo*. Am Fuß des Hügels nimmt die Uferpromenade eine Abzweigung zum Meer und endet dort an einer Aussichtsplattform, auf der sich einige Kinder amüsieren. Ein Mädchen steht dort, ein Zischen ist zu hören, der Rock wird hochgewirbelt und Haare fliegen in die Höhe. Eine Sekunde dauert der Spuk und die Kinder fallen in wildes Gelächter.

»Das hat sich ein Künstler ausgedacht. Unter der Plattform befindet sich ein Hohlraum, der mit dem Meer verbunden ist«, erklärt Javi das Phänomen. »Die Wellen füllen den Raum und verdrängen die Luft, die nach oben geführt wird.«

Das muss ich auch ausprobieren. Ich stelle mich auf eine der Öffnungen am Boden und warte. Ich höre, wie das Wasser donnernd gegen die Felsen kracht und einen Augenblick später fühle ich den Luftzug und Meerwasser. Es macht riesigen Spaß, auch wenn man nass wird. Wir amüsieren uns wie Kinder. Mit der Zeit wird es jedoch kalt und wir begeben uns zurück zum Strand. Eine Strandbar ist geöffnet und mit dem letzten Bier des Tages stoßen wir auf den *Camino* an.

»Hast du andere vom *Camino Francés* wiedergetroffen?«, fragt er.

»Paolo war vor zwei Monaten zu Besuch in Heidelberg, wir haben das Schloss besichtigt«, antworte ich. Der witzige Italiener war mit Javi auf dem *Camino Francés* unterwegs. Auf den Schlussetappen hatte ich die beiden kennengelernt.

»Er war vergangenen Herbst beim baskischen Rockfestival mit dabei«, erzählt Javi. »Drei Tage zelten, saufen und Hardrock-Musik.«

Ich bewundere Paolo. Ständig reist er durch die Welt und ist überall mit von der Partie, wo es etwas zu Feiern gibt.

Ein Blick auf die Uhr sagt mir, dass ich zur Unterkunft zurückkehren muss. Die Pforten der Herberge schließen um 1 Uhr, die Zeit ist knapp geworden. Javi bringt mich mit dem Auto zur Unterkunft. Aus dem Zustand seines Fahrzeuges schließe ich, dass er als freiberuflicher Programmierer kein Vermögen verdient. Sein alter VW-Passat ist ein Bastler-Fahrzeug. Die Hinterbank fehlt und beim Einsteigen muss man die Autotür festhalten, damit sie nicht herausfällt.

Pilgeransturm

3. August, San Sebastian → Getaria

Die Etappe beginnt mit einem steilen Aufstieg. Nachdem ich die Stadt hinter mir gelassen habe, befinde ich mich in einer Naturidylle und dem absoluten Kontrast zur pulsierenden Stadt San Sebastian. Ich sehe Kühe, die genüsslich auf saftigen Wiesen mampfen oder faul in der Sonne liegen. Von meiner Gegenwart lassen sich die mächtigen Tiere nicht stören. Wie Javi versprochen hatte, liegt der Ozean tiefblau zu meiner rechten Seite. Diese grüne, hügelige Landschaft mit vielen Gehöften hat eine Ähnlichkeit mit dem Allgäu.

Parallel zum *Camino* führt ein Stromkabel in vier Metern Höhe. Zu hoch für mich, jedoch nicht für das Eichhörnchen, das mich eine Weile begleitet. Hat es noch nie einen Pilger gesehen? Ist es neugierig? Das Eichhörnchen verlässt das Stromkabel wieder und verschwindet in den Laubbäumen. Offensichtlich war ich für dieses Wesen doch nicht so interessant.

Der Weg ist sehr abwechslungsreich. Vermutlich ist es eine alte Römerstraße, die sich vom Meer abwendet und talwärts führt. So ganz stimmt es mit dem beständigen Meeresblick doch nicht. Ich komme an mittelalterlichen Ruinen vorbei und sehe eine Pilgerherberge am Wegesrand. An diesem Vormittag ist es noch zu früh, um mich einzuquartieren, dennoch trete ich ein und schaue mich um. Kein Mensch ist anwesend. Ich wandere durch das Haus und gelange durch den Hinterausgang auf eine Terrasse. Dort finde ich, wie ich gehofft hatte, einen Stempel. Ich drucke mir einen *Sello*, wie die Spanier es nennen, in den Pilgerausweis. Diese Stempel sind für Pilger das, was für einen General die Orden sind. Zuhause sehe ich mir diese gerne an oder zeige sie stolz vor, wenn ich von meiner Wanderung auf dem *Camino* berichte. Der Pilgerausweis ist zugleich die Eintrittskarte für die Pilgerherbergen. Falls ein Herbergsverwalter kontrollieren sollte, so habe ich mit den Stempeln den Beweis, dass ich den Weg aus eigener Kraft zurückgelegt habe. Ich verstaue das Kleinod in meinem Rucksack und setze den Weg fort.

Die mittelalterliche Stadt, die ich kurz darauf erreiche, wirkt völlig ausgestorben. Es ist Mittagszeit und alle halten Siesta, denke ich. Die Kirche zu meiner Linken weckt meine Neugier. Sie scheint auf einer Art Burgmauer errichtet worden zu sein. Die Straße daneben fällt steil ab, sodass sich die Burgmauern von der Basis gesehen in eine Höhe von drei bis vier Stockwerken erheben. Die Türen der Kirche sind leider verschlossen, dennoch hat sich der Gang um die Kirche gelohnt. Auf halbem Weg werfe ich einen Blick über die Dächer auf eine Bucht. Die Pfeile weisen eine Treppe hinab und ich folge diesen abwärts, bis ich mich fast auf Meereshöhe befinde. Plötzlich wird mir klar, warum dieser Ort bisher wie ausgestorben wirkte: alle Bewohner sind hier versammelt, sie feiern! Auf einem überfüllten Platz stehen sie dichtgedrängt und lauschen einer Musikkapelle. Diese Gelegenheit nutze ich und nehme am Rand eines Brunnens Platz. Nach einer halben Stunde entscheide ich mich jedoch, meinen Weg fortzusetzen. Die Musik begeistert mich nicht wirklich, sie hört sich an wie deutsche Vereinsmusik.

Am Ende des Ortes erfahre ich, wie der Ort hieß: *Orio*. Der Weg führt um die ganze Bucht herum, bis ein Wegweiser nach links weist. Ich durchquere einen heruntergekommen wirkenden Campingplatz, lasse diese unattraktive Übernachtungsmöglichkeit schnell hinter mir und wandere einen Serpentinenweg hinauf, der durch Weinberge führt. Während sich dieser viele Höhenmeter hinaufschraubt, gerate ich ins Schwitzen. Mittlerweile ist es früher Nachmittag und bestes Strandwetter. Wolkenloser Himmel und schätzungsweise 35 Grad im Schatten. Zum Wandern kaum geeignet und eine Situation, bei der ich zum Philosophieren tendiere. Mir kommt das Thema Franco-Diktatur in den Sinn. Wie konnte es Menschen geben, die ihre Selbstbestimmung vollkommen aufgaben, um sich jemandem zu unterwerfen? Ein kurzer Handstreich eines Kumpanen hätte genügt, um ihn ins Jenseits zu befördern.

Während mir die Hitze der prallen Sonne zu Kopf steigt, überlege ich mir, wie ich mich als Diktator machen würde. Ich würde mir eine Narrenkappe aufsetzen und meine Minister mit einer lustigen Tracht ausstatten.

Der Anstieg endet so plötzlich, wie sich meine Träume in Luft auflösen. Eine erfrischende Brise sorgt für Abkühlung. Ich sehe vor mir eine mit Kuhmist gepflasterte Straße, meine politische Karriere wird wohl warten müssen.

Einige Meter weiter taucht ein Schild auf, das auf zwei Varianten hinweist. Der kürzere Weg wäre, dieser Straße zu folgen. Die andere Strecke ist länger und führt zum Meer. Bisher war ein Umweg auf dem *Camino* stets die bessere Variante und daher entscheide ich mich für die zweite Alternative. Diese führt mich durch einen Campingplatz, an Zelten und Surfbrettern vorbei, und auf einen mit Gras und Kräutern bewachsenen Hügel. Dieser bietet einen Panoramablick auf die weite Küste. Es war abermals die richtige Entscheidung, diesen Umweg zu wählen, der mich mit einer atemberaubenden Aussicht belohnt. Ich folge einem Trampelpfad durch Dünenlandschaft, steige eine Holzbohlentreppe hinab und genieße die Aussicht auf eine malerische Bucht. Im Schneckentempo geht es abwärts, da Bikini-Schönheiten vor mir ein Surfbrett schleppen und ich sie erst an der nächsten Wende überholen kann. Als ich unten angekommen bin, streife ich die Schuhe ab und setze den Fuß in den Sand. Es ist, als würde ich durch das Paradies wandern, kilometerweit. Doch bald muss ich den Strand verlassen, da sich laut Plan hier die Pilgerherberge befindet. *Zarautz*. Was für ein seltsamer Name für einen Ort.

Auf dieser Etappe bin ich bisher keinem einzigen Pilger begegnet, doch was sehen nun meine müden Augen? Einen Massenauflauf vor der Herberge! Möglicherweise sind es vor allem Touristen, die hier eine billige Bleibe für die Nacht suchen. Das ist so was von unfair!

Die Unterkunft wirkt wie eine ehemalige Schule im 70-er Jahre-Stil. Mit Sicherheit wurde die Farbe an der Fassade seit Jahrzehnten nicht mehr aufgefrischt. Ich werfe einen Blick auf das Eingangschild, diese Herberge bietet Platz für 30 Gäste und öffnet erst um 16 Uhr. Es ist halb drei.

»Es sind schon 34 Pilger hier«, spricht mich einer von ihnen an und zeigt zum Garten, in dem mehrere Gruppen wartend zusammensitzen. »Es wird schwierig, noch einen Platz zu bekommen.«

»Manchmal gibt es Extraplätze. Ich bin nicht anspruchsvoll. Gibt es Matratzen, auf denen man schlafen könnte?« Ich blicke ihn ratlos an.

14

»Vielleicht. Aber keine Ahnung, ich wollte nur berichten, dass wir schon zu viele sind. Der nächste Ort liegt fünf Kilometer weiter, dort gibt es auch eine Herberge.«

Ich überlege, ob ich kontrollieren sollte, ob es wirklich mehr als dreißig Personen sind. Oder soll ich bis vier Uhr warten und den Herbergsverwalter fragen, ob ich auf dem Boden schlafen könnte? Nein, das wäre keine gute Idee. Wenn ich die Antwort nach einem Schlafplatz erst in eineinhalb Stunden bekomme, kann ich in der Zeit auch fünf Kilometer weitergehen.

»Okay. Ich versuche es eben im nächsten Ort.« Ich verabschiede mich und begebe mich wieder auf den *Camino*.

Am Ortsende weist eine Karte am Wegesrand erneut auf zwei Alternativen hin. Man kann über den Berg klettern, aber mein Bedarf an Höhenmetern ist gedeckt und ich will mittlerweile nur noch ankommen. Daher entscheide ich mich für die zweite Variante. Der kombinierte Fuß- und Radweg am Meer bietet eine wundervolle Aussicht auf einen riesigen Felsen, der aus dem Meer ragt. Dort befindet sich auch die Stadt *Getaria*. Die Stadt wirkt äußerst vielversprechend, was Sehenswürdigkeiten angeht. Schon die merkwürdige Burg am Ortsbeginn weckt meine Neugier. Lateinische Inschriften und ein riesiges rotes Kreuz lassen mich erst an eine mittelalterliche Kreuzritterburg denken, dafür wirkt dieses seltsame Bauwerk jedoch zu neu. Beim näheren Blick entpuppt sich das Bauwerk als kaum mehr als eine Fassade. Es erweckt den Eindruck, als wäre es im Anflug von Größenwahn erschaffen worden. Auf dessen Portal thront eine überlebensgroße Figur, die wie eine Kreuzung zwischen einem Engel und unserem Hermannsdenkmal aussieht.

Meine Hoffnung auf eine baldige Stadtbesichtigung wird getrübt, da ich erst einen Platz in der Pilgerherberge finden muss und die Unterkunft liegt außerhalb des Ortes. Der steile Anstieg macht mir ein wenig zu schaffen. Diesmal habe ich Glück. Der Herbergsverwalter ist anwesend und versichert mir, es gäbe reichlich freie Betten.

»Gibt es eigentlich Leute, die den Umweg über den Berg nehmen?«, frage ich neugierig. »Ist es dort landschaftlich interessant?«

»Der Weg am Meer entlang existiert erst seit einem Jahr. Vorher mussten alle den Hügel überqueren, diese Variante ist aber recht langweilig und lohnt sich nicht.«

Diesmal habe ich wohl nichts verpasst. Während der Verwalter mich in die Gästeliste einträgt, nutze ich die Gelegenheit, ihn nach der Bedeutung des Denkmals zu fragen.

»Es ist *Elcano* gewidmet«, antwortet er. »Er ist der erste, der die Welt umsegelt hat.«

Nach einer Dusche nutze ich die Gelegenheit, meine Klamotten zu waschen. Das vorige Thema geht mir nicht aus dem Kopf. Der Erste Weltumsegler war meines Wissens Magellan.

Nachdem ich meine Wäsche im Garten auf die Leine gehängt habe, besorge ich mir ein Bier und setze mich auf die Terrasse.

»Hättest du Lust, dich mit meinem Sohn auf Englisch zu unterhalten?«, spricht mich eine Spanierin an. »Er will auf dem Camino die Zeit nutzen, um seine Sprachkenntnisse zu verbessern. Er hatte in all seinen Prüfungen zuletzt eine Eins bekommen.«

»Gerne«, antworte ich. Solche Noten hatte ich zu meiner Schulzeit nie, daher kommen mir erst Zweifel, ob meine Englischkenntnisse überhaupt besser als seine wären. Für mich wäre es sicher eine gute Übung, denke ich und wenig später sitzt der Junge neben mir und stottert einzelne englische Wörter.

Was es mit den Noten auf sich hat, wird mir bewusst, als das Zuhören bei seinem Gestammel zur wahren Qual wird. Eine Eins ist in Spanien die schlechteste Schulnote!

Mutter und Sohn stammen aus Valencia, erfahre ich von ihm, dort gäbe es eine von fünf amtlichen Sprachen.

»Es gibt doch nur vier offizielle Sprachen in Spanien«, widerspreche ich und zähle auf: »Galizisch, die offizielle Amtssprache Kastilisch, desweiteren Katalanisch, das man in Barcelona spricht und zuletzt die Sprache, die in dieser Region verbreitet ist, Baskisch. Was spricht man denn in Valencia?«

»Valencianisch.«

So langsam geht mir der Nachhilfekurs für die Dumpfbacke von Schüler auf die Nerven. Besonders, da dieser Dialog hier nur in aller Kürze wiedergegeben ist, ausgelassen habe ich unzählige Nachfragen und ständige Wiederholungen. Soll der Junge in seinem nächsten Schuljahr durchfallen und sitzenbleiben, er hätte es redlich verdient.

»Ich muss noch etwas erledigen«, entschuldige ich mich und versuche, unbemerkt aus der Herberge zu fliehen. Ich versichere mich, dass mir dieser Einserschüler nicht folgt und renne zur Stadt hinab.

Erleichtert darüber, entkommen zu sein, trete ich durch das Portal. So interessant wie erwartet stellt sich das Denkmal bei genauerer Besichtigung nicht dar. Als ich die malerische Altstadt hinter mir gelassen habe, durchquere ich das Hafengelände und gelange zum Fuß des mächtigen Felsens. Er liegt im Meer wie jene von den Engländern besetzte Halbinsel, ist aber um einiges kleiner als Gibraltar. In Serpentinen führt ein Pfad hinauf und eine Viertelstunde später erreiche ich den Gipfel. Dieser wird von einer Art Kapelle gekrönt. Besser gesagt, durch sie verunstaltet. Als ich eintrete und durch das leere Gebäude aus Beton wandere, bin ich enttäuscht. Es ist ein außergewöhnlicher Platz und man hätte hier doch etwas Schöneres hinstellen können. Dass es mit Graffiti beschmiert ist, macht es nicht besser. Mir ist erst nicht klar, welchen Zweck dieses Bauwerk aus Beton erfüllen sollte. Ein ehemaliger Bunker, der als Gotteshaus getarnt wurde? Im Halbrund, das wie eine Apsis aussieht, befinden sich Öffnungen, die aussehen wie Schießscharten, durch die man das Meer rundum beobachten kann.

Ich schaue mich weiter um und werfe einen Blick die Klippen hinunter. Am Ende des Hügels entdecke ich einen Leuchtturm, zu dem ein Pfad hinaufführt, der jedoch durch ein verschlossenes Gitter versperrt ist. Diese Besichtigungstour hat sich nicht gelohnt, enttäuscht begebe ich mich auf den Rückweg. Im Gestein am Wegrand erkenne ich Reliefs, die Götter wie Neptun darstellen, Maria und religiöse Figuren. Beeindruckend ist das jedoch auch nicht. Als ich erneut den Hafen durchquert habe und den Strand sehe, überlege ich, ob ich eine Weile dort verweilen sollte. Die Antwort kommt vom zugezogenen Himmel und leichter Nieselregen beantwortet meine Frage mit einem klaren Nein.

Wieder zurück in der Herberge werde ich sofort von dem nervigen Jungen abgefangen. Der Englischkurs wird fortgesetzt und zu einer wahrhaftigen Tortur. Es ist unglaublich mühselig, aus seinem Gestammel schlau zu werden. Nach einer Stunde schaue ich auf die Uhr. Es ist Zeit für mein Abendessen. Ich hatte mir ein Restaurant ausgesucht, das Pilgermenüs anbietet. Diese gibt es aber nur bis 21 Uhr. Als ich in die Stadt hinuntergehe, hängt sich der Einserschüler wie eine Klette an mich. Er will dolmetschen. Als ich in das Restaurant eintrete und bestellen will, drängelt er sich vor und fragt mich, was ich denn haben wolle. Meine Antwort, das Menü, versteht er nicht, so wiederhole ich es nochmals und abermals. Ungeduldig beobachte ich, wie der Zeiger auf der Wanduhr sich kontinuierlich weiterbewegt. Nach einer halben Stunde hat er immer noch nichts begriffen und ich versuche, mich an ihm vorbei zu drücken, um bei dem Mann hinter dem Tresen eine Bestellung abzugeben, doch der Junge hält mich aggressiv davon ab. Als er endlich meine Erklärungen in Englisch verstanden hat, wendet er sich an den Barmann und fragt nach dem Pilgermenü. Dieser zeigt zur Antwort auf die Wanduhr, die mittlerweile neun Uhr überschritten hat. Zu spät. Frustriert begebe ich mich auf den Rückweg. Heute muss ich auf das Abendessen verzichten. Der Schüler hat die Note Eins wirklich verdient.

In der Nacht setzt ein Gewitter mit Platzregen ein. Eilig rette ich und andere aus dem Schlaf gerissene Pilger die Klamotten aus dem Garten, um sie auf Wäscheständern im überdachten Flur aufzuhängen. Unter der Wäsche bilden sich Wasserpfützen.

Der Geheimweg

4. August, Getaria → Deba

Bei düsterem Tagesanbruch fällt Nieselregen. Ich sammle meine Klamotten vom Wäscheständer und packe sie in eine Plastiktüte. Als der Regen nachlässt und sich die grauschwarzen Wolken verzogen haben, begebe ich mich auf die nächste Etappe. Ich hoffe, dass es im Laufe des Tages wärmer wird, damit ich die Kleidung an meinen Rucksack zum Trocknen hängen kann.

Der Weg führt in eine fast alpine Landschaft, die mit vereinzelten Bauernhöfen sehr dünn besiedelt ist. Weizenfelder und grüne Weiden bestimmen das Panorama. Unterwegs komme ich mit zwei Pilgern ins Gespräch. Sie kommen aus Barcelona, erfahre ich. Katalanen. Diese haben unter ihren Landsleuten einen schlechten Ruf. Sie gelten als weltfremd und eine Mehrheit von ihnen will sich von Spanien lossagen. Viele sprechen nur ihre regionale Sprache Katalanisch. Dieser Katalane, der mit seiner Tochter wandert, gehört offensichtlich nicht dazu. Er hat auch keine Probleme, sich in der landesweiten Hochsprache Kastilisch oder in Englisch zu unterhalten. Nationalismus würde auch nicht zum Jakobsweg passen, denn Pilger sind weltoffen und kontaktfreudig, selbst wenn sie aus Katalonien stammen.

Während die beiden weitergehen, studiere ich an einem Rastplatz einen Übersichtsplan, auf dem verschiedene Wegvarianten eingezeichnet sind. Es gibt offensichtlich drei Möglichkeiten. Bevorzugt würde ich einen Weg direkt an der Küste wandern – falls der Weg mit Pfeilen gekennzeichnet ist. Vielleicht hätte ich mir einen Wanderführer mit detaillierten Beschreibungen besorgen sollen. Der Etappenplan, den ich aus dem Internet habe, ist sehr spartanisch.

Als ich weitergehe, sehe ich an einem Zaun den bekannten gelben Pfeil, der nach links zur Straße führt. Am gleichen Pfosten weisen auch weiß-rote Markierungen nach rechts. In diesem Moment entdecke ich eine Gruppe, die dort einen Trampelpfad entlanggeht und spontan folge ich ihnen. Nach wenigen Metern jedoch endet der Pfad an einem Stacheldrahtzaun. Einen anderen Weg gibt es nicht. Die Pilger helfen sich gegenseitig, um das Hindernis zu überwinden und auch mir wird geholfen, den Zaun zu überqueren. Es ist abenteuerlich. Da sie sich in Spanisch unterhalten, nehme ich an, dass sie sich hier auskennen. Ich folge der Gruppe über ein Feld, auf dem Wiederkäuer sitzen, am Ende des Geländes beginnt ein Schotterweg und ich wandere neben einem Pilger, der einen halben Kopf größer als ich ist und auf dessen Rucksack der Name ›Gabi‹ aufgenäht ist. Hat er diesen von seiner Schwester ausgeliehen, oder stammt er von seiner Mutter, so wie meiner?

»Seid ihr spanische Pilger? Und ist dieser Weg interessant?«, frage ich ihn.

»Keine Ahnung«, antwortet er. »Auch ich bin denen spontan gefolgt. Ich komme aus Belgien.«

Es ist eine spontan zusammengewürfelte Gruppe. Der Schotterweg endet an einem Bauernhof und kein Pfeil deutet daraufhin, in welche Richtung man gehen soll. Es gibt eine asphaltierte Straße, die in die umgekehrte Richtung führt. Als ein Mann vor dem Eingang des Gebäudes auftaucht, marschieren zwei aus der Gruppe auf ihn zu. Es beginnt eine Diskussion in Spanisch und diese dauert eine Weile, bis geklärt ist, wie es weitergeht.

»Hier geht es weiter.« Einer der Spanier geht voran und wir marschieren über eine steil abfallende Wiese. Langsam wird mir klar, dass meine Vermutung falsch war, dass sich jemand aus der Gruppe auskennen würde. Am Schluss der Wiese durchqueren wir einen Wald, nach einiger Zeit erreichen wir einen Rastplatz. Erschöpft legt jeder seinen Rucksack ab. Eine Weile beobachte ich, wie zwei aus der Gruppe vor einer Tafel stehen und diskutieren.

Außer dem Belgier besteht unser Kreis aus zwei weiblichen und einem männlichen Pilger spanischer Herkunft. Ich werfe ebenso einen Blick auf die Informationstafel und betrachte vier Wegvarianten. Vergilbte Landschaftsfotos sind am Rand zu sehen. Ein direkter Weg nach *Deba* ist eingezeichnet, das Ziel meiner heutigen Etappe.

»Am besten nehmen wir den direkten Weg«, schlage ich vor und zeige auf den Wegweiser mit der Aufschrift ›Deba‹ am Ende des Rastplatzes.

»Wir wollen einen anderen Weg gehen.« Der Spanier führt mich zur Tafel zurück und zeigt auf eine Linie, die zum Meer weist. Ganz klar ist dies als weiter Umweg zu erkennen. Die doppelte Strecke, mindestens.

Als die anderen nach einer Viertelstunde aufbrechen, folge ich ihnen, obwohl ich mir sicher bin, dass niemand weiß, wo es langgeht und wir ziellos herumirren. Einem Bachlauf folgend marschieren wir auf einem Trampelpfad durch einen Wald, der sich nach einigen Kilometern lichtet. Als wir über eine Wiese wandern, ist das Meer schon zu erkennen. Dort endet der Pfad, über flache Steine balancieren wir zum Wasser hinab.

»Auf meiner letzten Wanderung auf dem *Camino del Norte* habe ich dieses Naturwunder verpasst.« Der Spanier zeigt eine flach abfallende Klippe hinauf. »Übrigens, ich heiße Mario. Die anderen sind Jennifer und Maria.«

Bisher hatten wir uns noch nicht vorgestellt. Ich wusste nur den Namen von Gabriel, der sich derweil auf einem Stein niedergelassen hat und eine Zigarette dreht.

»Die Gesteinsform nennt sich *Flysch*«, erklärt der Spanier. Beeindruckt betrachte ich die Steinwand. Es lockt mich, einen Versuch zu wagen, die 45 Grad steile Wand zu erklimmen. Doch der Stein ist vollkommen glatt und es sind weder Risse, noch Griffe zu sehen. Es wirkt, als wäre diese Klippe künstlich errichtet worden. Doch lassen die Schichten erkennen, wie diese Gesteinsformation entstanden ist und dass sie aus Ablagerungen aus vielen Millionen Jahren besteht. Mittels Plattentektonik wurde sie in die Senkrechte gedreht und zu einer riesigen Fläche nackten Felsens, auf der sich kein Grün festsetzen kann. Wir nehmen Fotos auf, wandern umher und stapfen durch das Wasser.

Am Rand der Klippe führt ein Trampelpfad hinauf, dem wir nach der langen Pause folgen. Der Hang, der mit schwarzen Kugeln übersät ist, wird wohl als Schafweide genutzt. Jennifer, die spanische Pilgerin, tut sich zunehmend schwer, als ein steiler Aufstieg beginnt. Einerseits ist sie übergewichtig, andererseits sind ihre Schuhe für dieses Gelände denkbar ungeeignet. Sie trägt Ballerina-Schuhe ohne Profil, wodurch sie häufig ins Rutschen gerät. Nach einer Weile haben wir einen phantastischen Aussichtspunkt erreicht und genießen die Rundumsicht auf die Klippen und das Meer. Nach einem kurzen Stopp und als die Ballerina-tragende Spanierin zur Gruppe aufgerückt ist, geht es einen rutschigen Pfad abwärts. Als ich neben Gabriel wandere, schlittert Jennifer plötzlich an uns vorbei und bleibt mit schmerzverzerrtem Gesicht vor uns liegen. Alle eilen zu ihr.

»Beruhige dich. Du hast Glück. Ich bin Krankenschwester«, erklärt die zweite Spanierin namens Maria, während sie den Fuß begutachtet. »Kannst du aufstehen?«

»Ich glaube nicht.«

Während ich Jennifers unbeholfene Versuche beobachte, auf ihre Füße zu kommen und sie mühselig versucht, einen Fuß vor den anderen zu setzen, atme ich tief durch. Mir wird klar, dass aus der rechtzeitigen Ankunft in *Deba* heute nichts mehr wird. Die Chancen, einen Platz in der Herberge zu bekommen, sind gleich Null. Doch die Prioritäten haben sich geändert und mir wird bewusst, so schön der Weg in dieser Wildnis auch ist, auf keinen Fall sollte man ihn alleine wagen. Wer ohne Begleitung auf den mit Kraut bewachsenen Hügeln verunglückt, ist auf sich selbst gestellt. Außer uns fünf Pilgern ist weit und breit niemand unterwegs.

Ein steiler Anstieg führt über eine Schafwiese und es geht nur in extremem Schneckentempo hinauf, damit die Verunglückte mithalten kann.

»Schau mal, dort klettern Schafe.« Gabriel zeigt plötzlich grinsend zur Felswand vor uns.

Ich brauche einen Moment, um die weißen Punkte zu erkennen, die an einer Steilwand kleben.

»Ich wusste nicht, dass Schafe so gut klettern können«, wundere ich mich. Von Gämsen ist es bekannt. Die sind aber Wildtiere und das alpine Terrain gewöhnt. In das Gelände, in dem die domestizierten Nutztiere gerade unterwegs sind, hätte ich mich ohne Sicherung durch ein Seil nicht gewagt.

Nach einer gefühlten Ewigkeit haben wir den Trampelpfad hinter uns gelassen und erreichen eine Straße. Wir hoffen, dass bald ein Auto auftaucht, das die verunglückte Spanierin mitnehmen kann. Diese Gegend ist jedoch wie ausgestorben und auf der Landstraße ist außer uns niemand unterwegs. Nicht einmal ein Traktor. Nach ungefähr einem Kilometer endet die Straße vor einem verschlossenen Metallzaun. Da wir hier nicht weiterkommen, kehren wir um.

Abseits der Straße entdecken wir einen Schotterpfad, der zum Meer herunterführt. Als an einem Baum endlich wieder der rot-weiße Doppelstrich zu sehen ist, jubele ich leise. Die Markierung weist auf einen europäischen Fernwanderweg hin. Im Unterschied zu gelben Pfeilen und Muschelsymbolen, mit denen der Jakobsweg gekennzeichnet ist, werden diese Pfade jedoch eher selten gepflegt.

Der Weg endet an einer von Brombeergestrüpp eingeschlossenen Wiese. Ein einsamer Esel zupft Kräuter aus dem Gras. An unserem Auftauchen scheint er sich nicht zu stören.

Seit einiger Zeit macht mir dieser Umweg keinen Spaß mehr. Dass wir erneut in einer Sackgasse gelandet sind, bereitet mir noch weniger Freude. Während Mario und Gabriel die Umgebung erkunden, indem sie sich durch die dornige Hecke zwängen, warte ich bei den spanischen Pilgerinnen. Bis die anderen wieder auftauchen und unsere Lage endgültig als aussichtslos bestätigen, beschäftige ich mich damit, Gras aus der Wiese zu rupfen und es dem Esel anzubieten. Der ignoriert meine freundschaftliche Geste trotzig.

»Wie haben einen Weg gefunden!« Die beiden Pfadfinder winken aus dem Dornengestrüpp. »Hier geht es weiter!«

Statt sich durch mannshohe Brombeerranken zu kämpfen, hätte ich dafür plädiert, umzukehren. Da die zwei Pilgerinnen aber dem Aufruf folgen, beuge ich mich der Mehrheit und zwänge mich hinterher. Ich habe die Hoffnung schon längst aufgegeben, dass wir der Wildnis noch entkommen können. Als wir durch eine Bahnunterführung gehen und auf einen Schotterweg gelangen, bin ich mir immer noch sicher, dass Umkehren die einzige vernünftige Lösung gewesen wäre. Einige Kilometer weiter erreichen wir einen Asphaltweg, der den Eindruck erweckt, als ob er seit Jahrzehnten verfällt. Wir folgen ihm dennoch und kommen an eine Abbruchkante. An dieser Stelle gab es wohl einen

Erdrutsch. Weiterzugehen ist vollkommen unmöglich. Wir kehren abermals um und entdecken seitlich eine Wegmarkierung, die auf einen Trampelpfad im Wald weist.

Das Gelände wird nochmals unwegsamer und führt so steil bergab, dass auch ich Schwierigkeiten habe, nicht abzurutschen. Man muss sich an Bäumen oder Grasbüscheln festhalten, um nicht den Boden unter den Füßen zu verlieren. Nahezu unmöglich wird es für jemand, der kaum mehr laufen kann. Wie für Jennifer. An einigen Stellen wird sie zu einer logistischen Herausforderung. Oben hält sie jemand fest, während sie bis auf Armlänge mit ihren Ballerina-Schuhen herabrutscht, während sich unten ein anderer bereithält, um sie aufzufangen. Mir fällt ein Stein vom Herzen, als wir endlich das Tal erreichen, ohne dass jemand bei dieser Expedition tödlich verunglückt ist. Der Weg leitet uns an einer Kläranlage vorbei, die einen unappetitlichen Geruch verbreitet und führt wieder steil bergauf. Der Anstieg ist zum Glück mit Stahlseilen gesichert, an denen man sich festklammern kann. Endlich hören wir Zeichen der Zivilisation, den Lärm von Autos und Lastwagen.

Nach wenigen Metern an der dicht befahrenen Straße können wir schon die Stadt *Deba* vor uns im Tal sehen. Eilig überqueren wir eine schmale Brücke, auf der hupende Schwertransporter hemmungslos dicht an uns vorbeibrausen und sehen gegenüber die gelben Pfeile des Jakobsweges. Sie führen einen Pfad hinauf, der wieder einmal von Brombeerranken überwuchert ist. Nach kurzer Diskussion entscheiden wir uns gegen diese Variante, da nach den dramatischen Ereignissen in der Idylle alle genug von Abenteuern haben. Den Rest des Weges legen wir am Rand der Schnellstraße zurück.

Kurz hinter dem Ortsschild liegt eine Blondine auf einer Parkbank. Die Spanier eilen zu ihr und wecken sie.

»Marina!« Sie fallen sich gegenseitig in die Arme und unterhalten sich aufgeregt. Offensichtlich gibt es auch von Natur aus blonde Spanierinnen. Sie schließt sich uns für die letzten Meter in die Stadt an, hinkend auf einen Wanderstock gestützt. Soweit ich verstehe, hatte sie sich auf die Parkbank gelegt, da sie unter Knieproblemen gelitten hatte und wäre eingeschlafen. Es müssen viele Stunden gewesen sein, die der Blonden in der knappen Kleidung sichtbar nicht gut getan haben. Ihre linke Seite ist kreidebleich, während Rücken, Arm und das Knie auf ihrer rechten Seite feuerrot leuchten. Mich schmerzt schon der Anblick ihres furchtbaren Sonnenbrands.

Wenig später erreichen wir das Tourismusbüro, vor dem sich eine Schlange von Pilgern gebildet hat, um sich für die Herberge anzumelden. Ich stelle mich mit Gabriel in die Reihe und bin erleichtert, als ich an die Reihe komme und nebst Stempel für meinen Pilgerausweis sogar eine Bettnummer und einen Schlüssel ausgehändigt bekomme. Nach mir ist der Belgier an der Reihe. Die Dame am Schalter schüttelt den Kopf.

»Das war der letzte Platz in der Unterkunft«, entschuldigt sie sich. »Es tut mir leid.«

»Ich hätte eine Isomatte dabei. Könnte ich mich nicht einfach auf den Boden legen?« Entgeistert starrt Gabriel sie an.

»Nein, in der Herberge ist dies nicht erlaubt.«

Als wir das Büro verlassen, ist mir klar, dass ich nur zufällig vor ihm in der Schlange stand. Er war vor mir in der Pilgergruppe und soll jetzt leer ausgehen? Mein schlechtes Gewissen meldet sich und ich biete ihm an, ihm mein Bett zu überlassen.

»Vielen Dank, nein.« Er lehnt ab. »Das geht schon irgendwie. Ich rolle einfach meine Isomatte zwischen den Betten aus.«

Die Spanier hatten in der Zwischenzeit vor dem Eingang gewartet und dabei die Adresse eines Arztes herausgefunden.

»Wir gehen mit Jennifer zum Doktor. Danach entscheiden wir, wie es weitergeht.«

Die Arztpraxis ist nicht weit entfernt. Bis zum Termin müssen wir jedoch eine halbe Stunde warten. Jennifer hatte ihre Schuhe ausgezogen und nun ist zu sehen, dass ihr rechter Fuß auf die doppelte Größe angeschwollen ist. Als sie aufgerufen wird, schließt sich auch Marina an, da ihr Sonnenbrand jetzt Wirkung zeigt und sie sich Schmerzmittel verschreiben lassen will. Als die zwei zurückkommen, schütteln sie traurig den Kopf. Es bedeutet nichts Gutes.

»Nach der Diagnose des Arztes wird Jennifer zwei Wochen lang nicht laufen können«, erklärt Mario, der Spanier, als wir zurück zum Stadtzentrum laufen. »Wir haben beschlossen, die Tour abzubrechen und nach Madrid zurückzufahren.«

»Bleibt ihr noch eine Nacht?«, frage ich, da wir noch als Gruppe unterwegs sind.

»Nein. Die Herberge liegt auf dem Weg, direkt beim Bahnhof.«

Als wir ankommen, finde ich des Rätsels Lösung: Die Pilgerherberge ist das ehemalige Bahnhofsgebäude und befindet sich zwischen den Gleisen.

Mit dem Belgier gehe ich zur Unterkunft und schließe die Eingangstür auf. Innen befindet sich ein Empfangstisch. Gabriel gelingt es, sich an der Kontrolle vorbei zu schummeln. Abends bin ich erleichtert, dass sich keiner beschwert, als er die Isomatte zwischen den Stockbetten ausbreitet, mit der die Bewegungsfreiheit im Raum stark beeinträchtigt wird.

Betrug

Morgens sitze ich mit Gabriel im Café und wir schweigen uns an. Ich bin noch nicht richtig wach und spüre Muskelkater. Bisher gab es nur Bekanntschaften, die sich nach kurzer Zeit wieder verloren haben und nicht einmal der Blick durch die Panoramafensterscheibe versetzt mich in Pilgerstimmung. Nieselregen fällt, es ist grau und trüb. Der Wind, der zur Tür hereinweht, macht mir klar, dass es stark abgekühlt hat. Am Tresen sitzen einige Ortsbewohner und trinken ihr morgendliches Glas Rotwein. Oder zwei. Es scheint hier ein typisches Morgenritual zu sein.

Irgendwann überwinden wir unsere Trägheit und begeben uns auf dem Weg. Dieser entfernt sich vom Meer und wir wandern durch eine alpine Landschaft.

»Dies sind eigentlich Kampfstiefel für den Einsatz in der Wüste«, bricht der Belgier sein Schweigen und zeigt auf seine sandfarbenen Schuhe. »Sie sind extra hochgeschlossen, damit der Sand nicht hereinrieselt. Solches Schuhwerk tragen die Marine-Soldaten im Irak auch. Ich habe gleich zwei Paar gekauft.«

»Ich habe schlechte Erfahrungen mit Stiefeln. Meine sind beim Wandern auseinandergefallen. Seitdem setze ich auf Turnschuhe«, erwidere ich in Erinnerung an meine Bergstiefel, die ich kaum benutzt hatte und deren Sohle sich unterwegs gelöst hatte. Sie waren mit einem Kunststoff zusammengeklebt, der nach wenigen Jahren zerfiel. Auch ein zweites Paar Stiefel hat sich in der gleichen Weise verabschiedet. Teure Markenstiefel waren es. Gabriel lässt sich jedoch nicht beirren und erzählt weiter.

»Ich habe vor kurzem meinen Wehrdienst in Belgien abgeleistet. Als Soldat konnte man die Stiefel für 50 Euro kaufen. Normalerweise kosten sie ein Vielfaches.«

Inzwischen wird die Gegend bestimmt durch Wald, Wiesen und endloses Gebirge. Eine Herde Rinder, die an einem steilen Hang weiden, ziehen mich magisch an. Sie sind außergewöhnlich. Eines trägt besonders auffällige Hörner. Während das linke nach unten gebogen ist, weist das rechte Horn in die Höhe. Ungemein spannend. Als ich das Naturwunder betrachte und mein belgischer Kollege weitermarschiert, höre ich ein schrilles Pfeifen. Verärgert blicke ich mich um, wer diese Naturidylle stört. Ein Bartträger mit Strohhut. Schon auf den ersten Blick wirkt er unsympathisch. Ich entscheide mich, ihn zu ignorieren und betrachte die Kuh.

»Sieht komisch aus«, höre ich den Friedensstörer ausrufen, der nach einem kurzen Stopp seinen Weg wieder fortsetzt.

Es ist Mittagszeit, als sich mitten in der Einsamkeit eine grüne Ebene öffnet. In der Ferne blitzt ein größeres Haus auf, wir halten darauf zu. Mit Freude treten wir ein, denn dieses Gebäude beherbergt ein Café. Auf einer Terrasse haben sich Pilger bei Kaffee und spanischen Tortillas niedergelassen, diesen Leckerbissen will ich mir jetzt auch gönnen.

Gabriel ist der Gesprächigere von uns. Als ich mein Mittagsmahl auf die Terrasse trage, plaudert er schon mit zwei Rucksackträgerinnen. Zwei Französinnen. Als Belgier ist er sprachlich im Vorteil, während ich danebensitze und zuhöre.

Nach der entspannten Pause von fast einer Stunde habe ich meinen zweiten Kaffee und die dritte Tortilla beendet und wir setzen unseren Weg jetzt zu viert fort. Obwohl Gabriel in seiner Muttersprache kommunizieren kann, besitze ich einen anderen Vorteil. Die Französinnen sind etwa in meinem Alter, während er mit zwanzig Jahren halb so alt ist wie ich und die beiden Pilgerinnen. Hin und wieder kann ich auch ein paar Worte mit ihnen wechseln. Sie tragen die schönen Namen Juli und Ann-Claire.

Am frühen Nachmittag erreichen wir die Stadt mit dem unaussprechlichen Namen *Markina-Xemein*. Nicht nur ihr Name ist baskisch. Wer in dieser Region noch nie gewandert ist, dem sagt ›typisch baskisch‹ sicher wenig. Herausgeputzte kleinbürgerliche Häuser, saubere Parks und schmucke Vorgärten scheinen hohe Priorität zu haben. Alles wirkt sehr gepflegt und wird nicht von moderner Stahl- und Glasarchitektur gestört. Von Übungen moderner Architekten ist das Ortsbild vollkommen verschont geblieben und der Protz nur innerhalb der Kirchen erlaubt. Allerorts sind Transparente aufgehängt, die für die Unabhängigkeit werben, als Union aus baskischen Gebieten in Spanien und Frankreich.

Wenn die Einwohner dieser augenscheinlich wohlhabenden Region davon überzeugt sind, dass sie wesentlich anders wären als der Rest der Spanier, warum sollten sie nicht einen eigenen Staat bekommen und unabhängig leben? Unter der Franco-Diktatur haben die Basken am meisten gelitten und dabei wurde versucht, ihre Kultur und Sprache vollkommen auszulöschen. Wenn man sich in einer Volksabstimmung mehrheitlich für eine vollkommene Autonomie entscheiden sollte, warum sollte man ihnen die nicht gewähren?

In dieser altehrwürdigen Stadt begeben wir uns sogleich auf die Suche nach einer Herberge. Laut Plan gibt es einige. Die erste am Weg ist ein ehemaliges Kloster und hat die größte Zahl an Betten. In der Halle werden wir von einer langen Schlange Pilgern gestoppt und sehen uns im Kreuzgang um, wo unzählige Rucksäcke herumstehen und einige Dutzend Leute warten. Nach einer Viertelstunde trottet ein Mann in schwarzer Kutte an uns vorbei und verkündet eine unheilvolle Botschaft.

»Wir sind komplett! Alle Plätze sind vergeben!«

Enttäuschung in allen Gesichtern. Schnell löst sich die Schlange auf, Rucksäcke werden geschultert und alle eilen davon, als hätte es soeben eine Bombendrohung gegeben. Die zwei Französinnen greifen die Gelegenheit am Schopf, gehen ins Empfangszimmer und diskutieren mit dem Mönch. Dieser schüttelt beharrlich mit dem Kopf. Der Belgier und ich warten, bis die beiden zurückkehren und uns die Situation erklären.

»Soweit ich verstanden habe, ist es so: es gibt drei Herbergen in dieser Stadt«, beginnt *Juli*, worauf ich erleichtert aufatme. Und setzt fort: »und alle sind komplett belegt. Heute gab es offensichtlich einen riesigen Pilgeransturm.« Mein Atem stockt. Sie schlägt vor: »Wir fragen uns durch alle Bars und Restaurants durch, ob jemand privat etwas anbietet.« Sie geht voran, betritt eine Gaststätte nach der anderen und kehrt stets ohne gute Nachrichten zurück.

Mir wäre auch nichts Besseres eingefallen. Aber ich bin immer froh, wenn ich warten darf, während ein anderer die Dinge regelt. So langsam komme ich nun doch in Pilgerstimmung. Genau das ist es, was mich an dieser Art Urlaub begeistert. Die Gemeinschaft. Das Gefühl der Freiheit und Unabhängigkeit, wenn sich jemand anderes darum bemüht, jegliche Schwierigkeiten und Komplikationen für die Gruppe aus dem Weg zu räumen.

»Sie kennt jemanden, der eine Herberge außerhalb des Ortes betreibt.« Juli kommt endlich freudestrahlend und in Begleitung einer älteren Dame aus einem Restaurant. »Er wird uns gleich abholen«

»Es wird eine Weile dauern, bis euch mein Schwiegersohn kommt«, erklärt die Dame. »Ihr könnt euch solange auf die Terrasse setzen. Darf ich euch etwas bringen?«

Das Angebot nehmen wir gerne an und verkürzen die Wartezeit mit Bier, das uns die freundliche Dame postwendend serviert und stoßen auf den *Camino* an. Auf das Glück, noch eine Unterkunft bekommen zu haben, stoßen wir mit dem zweiten Bier an. Ein Auto kommt heran und hält direkt neben der Terrasse. Als der Fahrer aussteigt und winkt, leeren wir hastig unsere Gläser. Sogleich nimmt er unsere Rucksäcke entgegen, verstaut sie im hinteren Teil seines Kombis und wenig später rasen wir in einer selbst für Nichtpilger unangemessenen Geschwindigkeit über die Landstraße.

Als wir in eine Hofeinfahrt einbiegen, erkenne ich anhand meiner losen Zettel, wo wir uns befinden. Eine private Herberge in *Bolibar*. Somit haben wir drei Kilometer des *Caminos* abgekürzt. Ein Betrug am Pilgergedanken. Das, was ich eigentlich vermeiden wollte. Nachdem ich wenige Tage zuvor den Weg durch hässliches, eintöniges Industriehafengebiet einer kurzen Überfahrt über die Bucht vorgezogen hatte, wäre dieses kurze Stück nicht die geringste Zumutung gewesen. Wir hätten durch eine grüne Berglandschaft wandern können …

»Wir sind da!« Der Fahrer zurrt die Handbremse fest und eilt zum Kofferraum. Er wirkt gehetzt und ich kann meinen Rucksack gerade noch auffangen, bevor er schon vorauseilt und uns zum Eingang führt. Dies passt weder zum Pilgern, noch zur spanischen Gelassenheit. Vielleicht zur baskischen Art. Vom Taxifahrer wandelt der Mann sich zum Fremdenführer und nimmt zwischendurch einen Anruf auf seinem

Handy entgegen. Nach den Schlussworten ›ich komme gleich‹ kümmert er sich wieder um unsere Gruppe und weist uns die Schlafplätze zu. Auf die Frage, was diese Fahrt kosten würde, schüttelt er den Kopf.

»Ich bin der Geschäftsführer der Herberge. Ich habe das baufällige Gebäude erworben, renoviere es derzeit und freue mich über jeden Gast.« Er fragt sogleich: »Habt ihr schon eine Unterkunft für den nächsten Tag? Ich würde vier Plätze für euch in der Herberge von *Guernika* reservieren. Es wäre besser so, denn im Moment ist die ganze Welt auf dem Pilgerweg und eine Reservierung ist sinnvoll.«

Spontan stimmen wir zu. Er telefoniert kurz und lächelt uns an. »Alles geregelt. Vier Plätze sind reserviert und jetzt entschuldigt mich, ich muss die nächsten Pilger abholen.« Sofort ist er wieder verschwunden.

Der Mann ist ein Vollblut-Unternehmer. Möglicherweise wie die Pioniere der Aufbruchszeit unter Ludwig Erhardt, die ihre Chance ergriffen und sich wie besessen für ihren Erfolg eingesetzt haben. Die Renaissance des Jakobsweges scheint eine ähnliche Wirkung zu haben, wenn sich manche dermaßen verausgaben, um eine große Vision zu verwirklichen.

Als ich mich nach einer Waschmöglichkeit für meine Klamotten umsehe, betrete ich halbfertige Zimmer, bis ich den richtigen Raum finde. Säcke mit Wandputz und Maurerkellen liegen umher, Rohbauflair und nackte Backsteine bestätigen abermals, dass der Inhaber unglaublich fleißig sein muss. Hoffentlich übertreibt er es nicht und nimmt auf seine Gesundheit Rücksicht.

Nachdem ich meine Wäsche auf die Leine im Vorgarten gehängt habe, geselle ich mich zu den Pilgern auf die Terrasse.

»Ist das nicht ein großes Glück? Wir haben nicht nur auf den letzten Drücker einen Platz in einer supermodernen Herberge bekommen, sondern auch schon eine Unterkunft für morgen.« Die französische Pilgerin namens *Juli* strahlt mich an. »Außerdem sind uns einige Kilometer erspart geblieben.«

Ich überlege, wie ich ihr mein Problem erklären soll. So läuft nicht das wahre Pilgern, sondern Tourismus. Eine Rundumversorgung für den lieben Gast statt eines Überlebenskampfes, bei dem man sich Abend für Abend um das letzte Bett streitet. Die Zeit außerhalb der Zivilisation zu verbringen, das soll eine Herausforderung sein und eine Konfrontation mit nicht alltäglichen Schwierigkeiten mit sich bringen. Zuoberst steht eine Heilige Regel: niemals nimmt man eine Abkürzung mit dem Automobil. Ich habe sie gebrochen und das macht meinen ursprünglichen Plan zunichte, den Weg ausschließlich im Pilgerstil zurückzulegen. Ich erkläre es ihr in Kürze: »Mir fehlen drei Kilometer vom *Camino del Norte*.«

Juli schweigt und sieht mich nachdenklich an. Ein Pilger beginnt auf einer Ukulele zu spielen. Der Herbergsunternehmer hatte in der Zwischenzeit weitere Pilger mit seinem Auto herangekarrt und diese stimmen in Französisch ein, während der musikalische Wanderer auf der kleinen Gitarre zupft. Es ist immer interessant, mit Franzosen, Spaniern oder Italienern unterwegs zu sein. Sie kennen viele Musikstücke, die sie auswendig mitsingen können. In Deutsch würde mir nichts Geeignetes einfallen. Außer *Alle meine Entchen, Fuchs, du hast die Gans gestohlen* oder *Hänschen klein*. Ich kann mir aber nicht vorstellen, dass jemand in meinen Alter solche Texte mitsingen würde, wenn er noch halbwegs nüchtern ist.

Abends versammeln wir uns zum Pilgermenü im Gemeinschaftsraum. Der Inhaber ist gleichzeitig der Koch und berät uns bei der Auswahl. Seine Ehefrau serviert die Mahlzeiten. Zum Schluss empfiehlt er uns, ein Kloster in der Nähe zu besichtigen. Da er verspricht, dass dieses Bauwerk absolut sehenswert sei, verabredet sich unsere neue Pilgergemeinde zu einer Abendwanderung.

»Wie wirst du das Problem mit den verlorenen drei Kilometern lösen?«, fragt mich *Juli*, als wir die Straße hinaufwandern und das spirituelle Gebäude in Sichtweite kommt. »Du könntest beispielsweise einige Male um das Kloster herumlaufen.«

Ich vertiefe mich in Berechnungen, bis ich eine Lösung aus dem Dilemma finde.

»Ein paar Tage zuvor habe ich einen Wegweiser verpasst und bin einen Umweg gelaufen. Wenn ich mich nicht verrechnet habe, sind die fehlenden Kilometer wohl ausgeglichen.«

»Dann sind ja alle Probleme gelöst.« Sie lächelt verschmitzt.

Als wir die Kirche besichtigen und uns alte Männer mit gebeugtem Rücken entgegenkommen, überlege ich, ob dieses Gebäude als Altenheim genutzt wird. Die schwarze Robe der Männer weist jedoch darauf hin, dass es sich bei den betagten Herren um Mönche handelt. Offensichtlich fehlt es diesem Kloster an Nachwuchs. Das Zölibat wurde zu streng eingehalten.

Die zerstörte Stadt

6. August, Markina-Xemein / Bolibar → Guernika

Als ich meine getrockneten Sachen an der Wäscheleine eingesammelt und im Rucksack verstaut habe, lasse ich eilig die Herberge hinter mir. Für Ordnung blieb keine Zeit, daher habe ich all meine Habseligkeiten hastig hineingestopft. Die anderen Pilger waren bereits fertig mit Packen, als ich erst damit begonnen hatte.

Ich bin froh, dass die anderen geduldig auf mich gewartet haben. Mittlerweile sind wir eine größere Pilgergruppe, neben Gabriel, Ann-Claire und Juli hat sich auch ein holländisches Pärchen dazugesellt sowie der musikalische Franzose.

Durch die unübersehbare Präsenz der rot-grün-weißen Flagge an fast jedem Haus ist zu erkennen, welche politischen Ansichten die Bewohner in dieser Region teilen. Unmissverständlich wird am Ortsschild von *Munitibar* erklärt, was dies bedeutet: »Das Baskenland ist ein unterdrücktes Land, das für seine Freiheit kämpft. Die spanische Flagge wurde uns durch Gewalt aufgezwungen und ist das Symbol der Unterdrückung, daher akzeptieren wir sie nicht.« Ich habe mir erlaubt, den Text zu kürzen und in Deutsch wiederzugeben. Die Mehrheit der Bürger scheint dieser Meinung zu sein. Eine vollkommene Autonomie ist wohl nur eine Zeitfrage.

Die Ortschaften werden zu winzigen Siedlungen und bald durchqueren wir reinste Wildnis. Wir marschieren an einem rauschenden Bach entlang durch ein morastiges Tal und balancieren über Baumstämme. Der Weg ist sumpfig und man sinkt oft knöcheltief ein. Der Belgier Gabriel ist mit seinen Wüstenkampfstiefeln bestens dafür ausgestattet. Seine Füße bleiben trocken, während meine Turnschuhe sich mit schlammigem Wasser vollsaugen. Es macht aber Spaß, durch diesen Nationalpark zu wandern, in dem weder Land- noch Forstwirtschaft betrieben wird. Nach vielen Kilometern verlassen wir die Wildnis über einen steilen Anstieg, der bei einer Ansammlung von Wohnhäusern endet. Wir sind zurück in der Zivilisation und nach einer kurzen Rast verlassen wir das Dorf über einen Weg, der einige Höhenmeter aufwärts führt. Am höchsten Punkt bietet sich eine wundervolle Aussicht über die grüne Berglandschaft.

Plötzlich ist ein Klappern auf dem Asphalt zu hören. Ein Fohlen war uns gefolgt. Als wir halten und es bewundern, weicht es zurück und geht nervös auf und ab. Wir gehen ein paar Schritte weiter und es folgt uns erneut. Als wir abermals stehenbleiben und hoffen, dass es diesmal näherkommt, zögert es erneut. Plötzlich nimmt es Reißaus und rennt über eine Wiese davon. Wahrscheinlich wusste es, wo es hinwollte und wir standen dem Tier nur im Weg.

Kurz vor dem Schluss der Etappe führt die Landstraße abwärts. Rechter Hand sehe ich ein größeres Gebäude, auf dem ein riesiges Hakenkreuz prangt. Ich bleibe einen Moment stehen und starre verdutzt auf dieses Symbol. Schnell erkenne ich mein Missverständnis. Es stellt die baskische Rose dar und ist ein Symbol für die Unabhängigkeit des Baskenlandes.

Als der Weg in eine dicht besiedelte Ebene führt, verkündet das Ortsschild den Namen in baskischer Schreibweise: *Gernika*. Es erwähnt eine Partnerschaft mit Pforzheim. Diese deutsche Stadt befindet sich fünfzig Kilometer von Karlsruhe entfernt und ist ein wenig ansehnlicher Ort, der vor allem bekannt ist für seinen ›Monte Scherbelino‹. Ein riesiger Berg aus Schutt, der aus den Resten des ehemaligen Pforzheims entstanden ist. Seinerzeit soll es eine wundervolle Stadt gewesen sein, bevor sie im 2. Weltkrieg in Grund und Boden gebombt wurde.

Wir finden schnell die Jugendherberge, da die Route mit Wegweisern gut ausgeschildert ist. Als wir den Schlafsaal betreten, macht sich Enttäuschung breit. Es ist ein zu kleiner Raum mit zu vielen Stockbetten. Vollkommen zugestellt. Man muss sich hindurchzwängen, um zu den hinteren Betten zu gelangen. Die Unterkunft ist für 18 Euro pro Nacht unverhältnismäßig teuer und nachdem ich mich eingerichtet habe und zu den Duschräumen begebe, wartet schon eine Schlange davor. Für die große Anzahl an Gästen ist alles äußerst klein dimensioniert. Als ich ins Zimmer zurückkehre, sind Wäscheleinen zwischen den Betten gespannt.

»Woanders war kein Platz«, murmelt der französische Pilger entschuldigend, als ich mich unter den Leinen zu meinem Platz durchkämpfen muss. Nachdem ich den Hindernis-Parcours bewältigt habe, entspanne ich mich auf dem Bett.

Am späten Nachmittag versammelt sich die illustre Gruppe zu einer Tour ins Stadtzentrum. Beim Verlassen der Herberge prüft Juli, ob sie den Schlüssel für die Herberge auch sicher in ihrer Handtasche verwahrt hat und zieht einen anderen heraus, der erkennbar nicht von dieser Unterkunft stammt. »Der ist von der Pilgerherberge in Deba«, murmelt sie, »ich habe vergessen, ihn dort abzugeben.«

Als sie dazu ansetzt, ihn in die Box der Schlüssel dieser Herberge zu werfen, halte ich sie zurück. »Schicke ihn doch per Post. Die werden sich sonst ärgern, wenn er fehlt. Hier kann niemand etwas damit anfangen.«

»Okay.« Sie nickt und verstaut den Schlüssel wieder. »Unterwegs müssen wir uns nach einer Postfiliale umschauen.«

Als wir das Stadtzentrum erreicht haben, halten wir vor einem weißen Gebäude.

»In diesem Museum wird der Spanische Bürgerkrieg in künstlerischer Form dargestellt«, erklärt Juli, als wir eintreten.

In der Eingangshalle schaue ich mich um und betrachte Abbildungen von Häuserruinen, die mit spezieller Fototechnik in rot-gelb dargestellt sind. Kriegskunst im Andi-Warhol-Stil. Ich betrachte eine Schautafel und erfahre etwas über die tragische Geschichte der Stadt. Verheerende Bombenangriffe, die auf *Guernika* geflogen wurden, um den Widerstand der baskischen Rebellen zu brechen. Es war eine Operation der deutschen Luftwaffe, die in der Operation Condor die Stadt im Jahr 1937 komplett in Schutt und Asche legte.

Anfangs bin ich neugierig, mehr über die historischen Hintergründe zu erfahren. Aber mir wird bald bewusst, das dies kein geschichtliches Museum ist. Es geht um Kunst. Die Tragödie der Stadt auf Leinwand in Pop-Art. Beim Pilgern reizt es mich generell selten, Museen anzuschauen und moderner Kunst gehe ich, wenn möglich, aus dem Weg. Spontan klinke ich mich aus. Da die anderen sich für eine Besichtigung mit Führer entscheiden, verabreden wir uns für ein späteres Treffen. Die

Zeit will ich nutzen, die Stadt und ihre Einwohner kennenzulernen. Treppenstufen führen zur Stadtkirche empor, vor der eine Stadtführerin einen Vortrag in Spanisch hält.

Einst sollen sich die Bewohner unter einer alten Eiche zusammengefunden haben, die als heilige Institution angesehen wurde. Dort wurden Volksvertreter bestimmt und Ratssitzungen abgehalten. Es hört sich nach einer Kombination von Demokratie und Naturreligion an, wie die Druiden-Versammlungen bei den Kelten. Es folgt eine Erklärung zur Entstehung des Ortes, der ursprünglich aus zwei Städten *Guernika* und *Lumo* bestand. Als die Fremdenführerin sich in geschichtliche Details vertieft, wird mir ihr Vortrag zu anstrengend und ich suche die Kirche auf. In dem gotischen Gebäude fällt mir auf, dass etwas Typisches fehlt. Das Gefühl von Gänsehaut, das einen beim Betreten alter Sakralbauten beschleicht. Mittelalterliches Flair, uralte Geister. Das ursprüngliche Gebäude wurde bei dem Luftangriff wohl zerstört und erst kürzlich wieder aufgebaut.

Die anderen Pilger treffe ich zwei Stunden später wieder. Vor dem Rückweg zur Herberge kaufen wir gemeinsam etwas für das Abendessen ein. Bei der Zubereitung erfahre ich, dass es ein typisch italienisches Gericht wäre. Salat aus gewürfelten Tomaten und Gurken, dazu Spiralnudeln. Die Kombination kenne ich noch nicht. Aber es ist lecker.

Abends begebe ich mit Gabriel in die Stadt, um das Nachtleben zu erkunden. Er ist offensichtlich wie ich ein Nachtschwärmer. An diesem Mittwoch scheint jedoch fast alles geschlossen zu sein. In der einzigen Bar, die wir geöffnet vorfinden, setzen wir uns an den Tresen. Eine gutgelaunte Spanierin versorgt uns mit Bier, mit der mein Begleiter sofort anbändelt und schwärmt, dass diese Dame genau seiner Vorstellung von Frau entspräche. In Belgien würde er als Türsteher in einem Swingerclub arbeiten, erzählt er mir beim ersten Bier. Von seiner Statur würde es passen. Als die nette Bedienung eine Glocke am Tresen läutet, bekomme ich einen Schreck und frage, ob nun Sperrstunde wäre und wir kein Bier mehr bekämen.

»Nein. Es wird jedes Mal geläutet, wenn jemand in der Bar Trinkgeld gibt.«

Sie widmet sich eifrig wieder der Aufgabe, Gäste zu bedienen.

»Gibt es nicht regelmäßig Ärger in einem Swingerclub?«, frage ich Gabriel mangels Erfahrung, wie es in solchen Etablissements zugeht.

»Gar nicht. Die Gäste sind sehr anständig. Häufig bekommt man die eine oder andere Frau ab.«

Es ist interessant, welche Persönlichkeiten man auf dem Jakobsweg kennenlernt. Gabriel wird ernster. »Langsam bekomme ich ein Problem.«

»Welches?«

»Auf der Wanderung hatte ich bisher noch keine Frau. Es sind schon mehrere Tage vergangen und noch nie musste ich mehr als eine Woche in Abstinenz leben. Auf dem Rückweg sollten wir schauen, ob sich noch eine findet.«

In dieser Situation frage ich mich, warum geht er eigentlich den Jakobsweg? Der Zweck dieser Wanderung ist doch ein anderer. Zwar muss es nicht unbedingt das Ziel sein, Gott zu finden und dies ist auch nicht mein eigenes Anliegen. Ich bin unterwegs, weil Pilgern viel Spaß macht, man viele Leute kennenlernt und es ein kulturelles Erlebnis ist.

Auf dem Rückweg schaut sich mein belgischer Begleiter nach Anzeichen eines Rotlichtviertels um, bleibt aber erfolglos. Den einzigen Spaß haben wir nach Mitternacht mit einem spanischen Jungen, der vermutlich zehn Jahre alt ist und mit dem wir eine Runde Fußball spielen. In Spanien dürfen Kinder offenbar so lange aufbleiben, wie sie wollen. Wieder einmal fällt mir auf, wie gegensätzlich unsere Kulturen sind.

Sakrileg

7. August, Guernika → Bilbao

Zur Morgendämmerung war geplant, dass die Gruppe gemeinsam startet. Diesmal warte ich auf die anderen, bis die im Schlafsaal improvisierten Wäscheleinen demontiert und alle Klamotten verstaut sind. Am Ausgang achten alle streng darauf, dass jeder seinen Schlüssel in die Box wirft. Juli konnte jenen von der Herberge in *Deba* am Tag zuvor nicht verschicken, da die einzige Postfiliale am Nachmittag geschlossen hatte.

Wir durchqueren den Ort und bleiben vor einem Kunstwerk aus gebrannten Kacheln stehen.

»Das ist eine 1:1-Kopie des Originals von Picasso«, erklärt Juli. »Dieses Bild hat er nach der Zerstörung *Guernikas* gemalt.«

Sie ist offensichtlich Kunstexpertin. Nachdenklich betrachte ich das Bild. Es stellt Chaos dar, ein Durcheinander aus Menschen, einem Pferd und einem Stierkopf. Nichts komplett, zumeist Körperteile. Ist dies Impressionismus oder Expressionismus? Die Darstellung besteht aus schwarz-weiß skizzierten Figuren, die in Graustufen ausgemalt sind und ist interessanter als die Kunstwerke, die ich von Picasso bisher gesehen habe.

Nachdem wir *Guernika* verlassen haben, führt unser Weg durch kleine Siedlungen, die wirken, als hätte sich seit dem Mittelalter kaum etwas verändert. Ausnahmslos Häuser aus Sandstein. Am markantesten sind die Kirchengebäude.

Bisher ist unser holländisches Pärchen wie ein treues Ehepaar Seite an Seite marschiert und ich bin zur Vermutung gekommen, dass sie in einer Beziehung stehen und den Jakobsweg bis zum Schluss gemeinsam bestreiten wollen. Der Holländer ist so groß wie der Belgier, aber extrem hager. Ein Spargeltarzan. Sie ist mit ihrem zweckmäßigen Kurzhaarschnitt ein typisches Mauerblümchen. Vielleicht ist es eine Zweckgemeinschaft.

Selten trennen sich die beiden. Dennoch ergibt sich eine Gelegenheit, bei der ich eine Weile neben dem Holländer wandere. Er heißt Jan. Als wir eine der kleinen Siedlungen verlassen haben, blicke ich zu einer Stromleitung hinauf und sehe Schuhe daran hängen. Jemand muss sie hochgeworfen haben. der Anblick ist erstaunlich! Wer schafft es, sein Schuhwerk in eine Höhe von schätzungsweise zwanzig Metern zu katapultieren und so genau zu zielen, dass sie dort hängen bleiben? Oft hatte ich durchgelaufene Fußbekleidung gesehen, die auf Wegweisern abgestellt oder an Bäume gehängt war. Doch nie zuvor in solcher Höhe. Das war olympiareif. Pilgerschuh-Weitwurf wäre eine interessante Disziplin. Nachdem ich die Wahnsinns-Leistung fototechnisch festgehalten habe, setzen wir unseren Weg fort.

»Wenn wir nach Bilbao kommen, freue ich mich schon darauf, in eine Sauna zu gehen.«

Viel hatten wir nicht geredet. Dass der Holländer angesichts des sommerlichen Wetters plötzlich auf dieses Thema zu sprechen kommt, wundert mich. Die letzten Tage waren wechselhaft, doch heute wandern wir unter wolkenlosem Himmel bei mehr als dreißig Grad. Definitiv kein Wetter, bei dem ich in eine Sauna gehen würde.

»Ich gehe am liebsten im Winter. Wenn es stürmt, regnet oder schneit. Aber doch nicht im Hochsommer.«

»Ach«, antwortet er, »bei jedem Wetter finde ich das schön.«

So recht werde ich nicht schlau aus Jan. Bei der mittäglichen Sonne läuft mir Schweiß von der Stirn und meine Gedanken schweifen zum Meer. Schön wäre es, jetzt darin zu schwimmen und sich in den Wellen abzukühlen. Doch der Atlantik ist derzeit weit entfernt.

Mittlerweile steht die Sonne am Zenit und unsere Nationalitäten-Pilgermischgruppe legt eine nachmittägliche Rast bei einem Café in *Lazama* ein. Die Pause zieht sich lange hin. Als ich denke, es wäre an der Zeit, endlich aufzubrechen, erfahre ich von der überraschenden Planung meiner Wanderkollegen.

»Nach Bilbao werden wir mit dem Bus fahren«, klärt Juli mich auf. »Die letzten sechs Kilometer lohnen sich nicht. Der Weg führt durch Industriegebiet.«

Offensichtlich hatte sie vergessen, dass ich kein Tourist, sondern Pilger bin. Einer, für den es ein Sakrileg ist, sich in ein motorisiertes

Gefährt zu setzen, solange ihn die Füße noch tragen können. Mein erster Gedanke sagt mir, ich sollte mich von der Gruppe absetzen. Nach genauerer Überlegung hat jedoch der Spaß an der Tour die höhere Priorität. Ich habe endlich nette Leute kennengelernt, die ich nicht wieder verlassen will. Spontan wische ich meine Zweifel beiseite und verwerfe die Idee des kompromisslosen Pilgerns endgültig.

Da andere sich bisher um die Organisation gekümmert haben, wäre ich auch einmal an der Reihe. Ich begebe mich zur anderen Straßenseite, an der sich eine Bushaltestelle befindet und versuche, den Fahrplan zu entziffern. Doch weder werde ich aus den Ortsnamen schlau, noch ergeben die Zahlen darauf einen Sinn. Ein vorbeigehender Spanier bleibt stehen und erklärt: »Heute fährt kein Bus mehr.«

»Auch nicht nach Bilbao?« frage ich.

»Nur ein Zug. Der Bahnhof befindet sich in dieser Richtung.« Er zeigt zur gegenüberliegenden Seite in eine Nebenstraße. »Aber Sie müssen sich beeilen, in zehn Minuten fährt der Zug.«

Ich eile zurück.

»Die Bahn nach Bilbao fährt gleich los«, erkläre ich den anderen hastig, die noch gemütlich ihren Kaffee schlürfen. »Wir müssen sofort aufbrechen.«

Hastig werden Rucksäcke geschultert, wir eilen die Straße hinauf und finden tatsächlich das Bahnhofsgebäude. Es gibt nur einen funktionierenden Fahrkartenautomaten und in aller Hektik versuchen wir, den Fahrplan zu verstehen, die passenden Knöpfe zu finden und füttern den Automaten mit Münzen, als wir schon die Bahn hören. Es scheint die pünktlichste Bahn von ganz Spanien zu sein. Da der Automat bisher nur drei Tickets ausgespuckt hat, nehmen wir die Durchquerung des Drehkreuzes als Teamwork in Angriff. Einer schiebt seine Fahrkarte hinein und drei Personen zwängen sich gleichzeitig hindurch. Kurz bevor sich die Türen der Bahn schließen, springen wir hinein. Alle atmen tief durch.

So schlecht wäre dieser Weg doch gar nicht, denke ich bei der Fahrt durch die Ortschaften, in denen gelegentlich das Symbol der Jakobsmuschel auftaucht.

Bilbao ist die erste wirkliche Großstadt auf dem *Camino*. Auf dem Weg ins Zentrum entdecken wir eine geöffnete Postfiliale. Juli kann endlich ihren Schlüssel zur Herberge nach *Deba* schicken und beim Warten fällt mir etwas ins Auge, was ich seit der Ankunft auf dem *Camino* noch kein einziges Mal gesehen habe: eine rot-gelb-rote Flagge, die über dem Verwaltungssitz weht. Nur ein winziges Stück Stoff, aber vorhanden. Nun sind meine Zweifel ausgeräumt, dass ich mich tatsächlich in Spanien befinde.

In einem Touristenbüro machen wir uns schlau und erfahren, dass die Unterkunft für Pilger die Jugendherberge am Stadtrand wäre. Es sind fünf Kilometer dorthin, die wir mit öffentlichen Verkehrsmitteln fahren. Die Leuchtanzeige des Busses zeigt den baskischen Namen der Stadt: ›Bilbo‹. Dies erinnert mich unvermittelt an den Hobbit von J.R.R. Tolkien. Vielleicht hatte der Autor von ›Herr der Ringe‹ diese Stadt einst besucht. Auf dem Jakobsweg werden jene Pilger als ›Hobbits‹ bezeichnet, die kaum wandern und einen Großteil der Strecke mit motorisierten Verkehrsmitteln zurücklegen. Genau so komme ich mir vor, als der Bus über die Straßen rauscht und über Serpentinen zur Unterkunft hinauffährt.

Nach wenigen Metern Fußmarsch erreichen wir ein riesiges Gebäude, das sich acht Stockwerke in die Höhe reckt. Die Preise für ein Bett in den engen Schlafräumen mit sechs Betten sind mit zwanzig Euro unverschämt hoch, doch es gibt keine bessere Alternative. Bilbao scheint beliebt zu sein. Dieses Hochhaus ist weitgehend ausgebucht, wie wir erfahren.

Abends kehren wir mit dem Bus in die Stadt zurück, um zu feiern. Wir sehen uns zwecks Abendessen um und entscheiden uns für ein Restaurant an einem belebten Platz, das Spezialitäten anbietet. Satte 18 Euro für ein Menü, preisgünstigere Alternativen gibt es auf der Karte nicht. Bei der Auswahl der Speisen wird es kompliziert und ich benötige eine Weile, um herauszufinden, worum es sich im Einzelnen handelt. Mir gelingt es, ein Gericht namens ›Rabo de Buey‹ zu übersetzen. Mein Wörterbuch nennt es ›Ochsenarsch‹.

Meine Französischkenntnisse reichen nicht aus, eine Übersetzung dafür zu finden, daher versuche ich es in Englisch. Als der musikalische

Franzose Benoît aufspringt und sich auf den Hintern klopft, bestätigt er, dass meine Worte verständlich waren.

Im Anschluss sehen wir uns nach Kneipen um. Plötzlich deutet Gabriel begeistert auf ein Eingangsschild und lässt ein Foto von sich aufnehmen. Der Name ›Gabi‹ steht dort. Es könnte seine Bar sein, sagt er. Freudestrahlend gibt er eine Runde Bier aus. Plötzlich wird mir die Bedeutung des Namens auf seinem Rucksack klar. Gabi ist sein Spitzname, er hatte diesen also nicht von seiner Schwester geborgt.

Am späten Abend dünnt sich unsere Gruppe aus. Die Franzosen verabschieden sich ebenso wie das holländische Pärchen, worauf ich mit dem Belgier eine nächtliche Tour durch Bilbao unternehme. Wir besorgen uns Bier und sehen uns unter all den Feiernden um. Dabei kommen wir mit einer Spanierin ins Gespräch.

»Wir kämpfen alle gegen den spanischen Staat«, erzählt sie uns. »Ich nutze alle Möglichkeiten staatlicher Unterstützung, um den Fremdherrschern in Madrid Schaden zuzufügen. Wenn der Staat eines Tages pleite ist, hat unser Volk gewonnen. Wir Basken sind eine stolze Nation, das zur Unabhängigkeit strebt.«

Schon wieder Politik. Mittlerweile stelle ich mir die Frage, ob es nicht auch für den Rest von Spanien die beste Lösung wäre, die Basken ihren eigenen Weg gehen zu lassen.

Beim zweiten Bier stelle ich mit Entsetzen fest, dass an den Bars die Rollläden heruntergelassen werden. Es ist erst 1 Uhr und viel zu früh, sich zur Nachtruhe zu begeben. Vermutlich ist Donnerstag der falsche Tag zum Feiern. Der Belgier hat genauso wie ich keine Lust, sich schon auf den Rückweg zu begeben und daher durchkämmen wir die Innenstadt auf der Suche nach einer Gegend, in der noch gefeiert wird. Wir erreichen nach einer Weile eine Fußgängerzone, in der sich eine geöffnete Bar neben der anderen befindet. Dutzende stehen auf der Straße, diskutieren eifrig und trinken Bier. Diesmal bin ich an der Reihe, Nachschub zu besorgen. Beim Betreten einer Kneipe trifft mich fast der Schlag, da ich so ein Etablissement noch nie zuvor gesehen habe. Die erste Überraschung ist ein zotteliger Bernhardiner, der an mir vorbei zur Ausgangstür hinausläuft. Als ich am Tresen warte, schaue ich mich um.

Ein älterer Mann sitzt auf einem Barhocker und hält zwei Schäferhunden an der Leine. Die Einrichtung der Bar scheint aus allem zusammengestellt zu sein, was auf dem Sperrmüll zu finden ist und auf alles hat sich eine Staubschicht gesetzt. Im Hintergrund sitzen Männer im Dämmerlicht mit mürrischen Gesichtern.

»Sie wünschen?«, unterbricht eine Bardame meine Gedanken.

»Zwei Bier!«, gebe ich spontan meine Bestellung ab.

Erleichtert, diese Bar verlassen zu haben, kehre ich mit den zwei Getränken zu Gabriel zurück. Als wir an unserem Bier nippen, stolziert ein schlaksiger Südländer vorbei, trägt demonstrativ eine Sonnenbrille in der Dunkelheit und hält einen Joint in der Hand. Ein peinlicher Auftritt, denke ich, als Gabriel ihn plötzlich anspricht. Sie diskutieren eine Weile, bis der seltsame Mensch nickt und uns auffordert, ihm zu folgen.

»Er kann etwas zum Rauchen besorgen«, erklärt der belgische Pilger knapp und geht sofort hinterher, worauf ich mich neugierig anschließe. Der Mann mit der Sonnenbrille führt uns durch unbeleuchtete Seitenstraßen, biegt mal rechts, mal links ab und wir folgen ihm diesem Irrweg, bis er vor einem metallenen Rollladen stoppt.

»Gib mir 20 Euro«, fordert er meinen Begleiter auf, der sogleich in seinen Geldbeutel greift und ihm den geforderten Geldschein in die Hand drückt. »Wartet hier und haltet Abstand. Ich komme gleich wieder.« Es schlüpft unter dem Rollo hindurch und ist verschwunden.

»So etwas habe ich bisher noch nie gemacht«, erklärt Gabriel, »hoffentlich ist er seriös.«

Lange warten wir vor dem Gebäude. Ich bin sicher, mein Begleiter wurde in die Irre geführt und ist sein Geld los. Es dauert viel zu lang. Als der Mann nach einer Viertelstunde endlich wieder zum Vorschein kommt, schaut er sich vorsichtig um. Mit verschwörerischer Miene zieht er ein Päckchen hervor, das mit grünem Kraut gefüllt ist. Er drückt es dem Belgier in die Hand und legt demonstrativ einen Zeigefinger auf den Mund. Im Anschluss folgen wir dem Südländer auf verschlungenen Wegen wieder zurück ins Amüsierviertel.

»Ich bin gespannt, ob der Stoff gut ist«, murmelt Gabriel, während er einen Joint aus dem Kraut dreht.

Meistens halte ich mich zurück beim Kiffen und probiere nur selten davon. Da ein Jahr zuvor einem italienischen Mitpilger getrocknetes Kraut ohne berauschende Wirkung angedreht wurde, interessiert es mich jedoch, was mein Pilgerkollege der düsteren Gestalt abgekauft hatte. Ich inhaliere und nach einer Minute merke ich eine Wirkung wie von starkem Kaffee sowie den Eindruck, als würde sich ein erweitertes Wahrnehmungsbewusstsein einstellen.

»Es wirkt. Das Kraut ist wohl in Ordnung«, bestätige ich und gebe ihm den Joint zurück. Mehr probiere ich nicht, diese Probe genügt mir. Man muss es nicht übertreiben. Die Qualität ist offensichtlich genau das, was er haben wollte. Gabriel unterhält sich wieder mit dem Verkäufer, der immer noch seine Sonnenbrille trägt und zu dem sich zwei andere Männer gesellt haben. Ihrem Äußeren nach sind es junge Menschen aus Nordafrika, die aber recht schweigsam sind.

»Ich komme aus Marokko«, erzählt der schlaksige junge Mann. »Auf Empfehlung eines Freundes bin ich hergekommen, weil es für junge Leute in unserem Land absolut keine Perspektive gibt. In Europa ist die Situation besser. Das hatte ich zumindest gehofft. Jetzt wohne ich bei meinem Freund und schlage mich irgendwie durch.«

Die Sonnenbrille ist offensichtlich eine Fassade und Kiffen hilft ihm wohl, seine Lebenssituation zu ertragen. Mit seinen Begleitern verabschiedet er sich bald und auch die Straße leert sich, bis wir etwas verloren herumstehen. Gabriel meint, er hätte ein dringendes Bedürfnis und hoffe, dass es in dieser Stadt eine Bar mit ›Girls‹ gäbe. Ich habe zwar wenig Lust darauf, mich nach einem Rotlichtbezirk umzusehen, entscheide mich aber, ihn in seinem zugekifften Zustand nicht alleine zu lassen. Er ist nur halb so alt wie ich und ich sollte ein wenig auf ihn aufpassen. Falls er fündig würde, könnte ich ihn dort seinen Spaß haben lassen und ich könnte beruhigt den Heimweg antreten. Wir verlassen den mittlerweile einsamen Platz und wandern durch leere Straßen, bis wir eine belebte Ecke finden. Dort findet ein grandioses Spektakel statt.

Auf den ersten Blick sieht die Szene so aus, als ob sich Leute um einen tanzenden Grizzlybär geschart hätten und seine Darbietung verfolgten. Als wir die Show aus der Nähe beobachten, ist es ein Riese mit Vollbart, der irgendein Schauspiel aufzuführen scheint, während einige Zuschauer ihm begeistert zujubeln. Eine Ein-Mann-Show. Neben uns provozieren zwei jüngere Männer den Hünen mit der zotteligen Mähne, während er mit theatralischen Gesten antwortet. Der Mann wäre die Idealbesetzung für Macbeth im gleichnamigen Schauspiel.

»Ich bin Amerikaner!«, ruft er wild gestikulierend in die Menge und zeigt zu einem Balkon hinauf, an dem eine Wäscheleine gespannt ist. »Dort oben gebe ich Englischkurse.«

»Dort gibst du Unterrichtsstunden?«, höre ich jemand, aus dessen Englisch ich den schweizer Akzent heraushöre. Er reizt den verkannten Schauspieler erneut. »Weißt du, was dein Problem ist? Du säufst zu viel!«

»Der kennt sich bestimmt bestens in der Szene aus«, murmelt Gabriel und geht auf den Mann zu, der ihn um einen ganzen Kopf überragt und fragt ihn, ob er wüsste, wo es hier Girls gäbe. Ich halte mich im Hintergrund.

»Diese Stadt ist der beste Ort der Welt, um Gays zu finden!«, höre ich den Amerikaner laut und gestenreich antworten.

»Kannst du mir den Weg zu den Girls zeigen?«

»Klar, ich kann dich zu den Gays führen.«

Ich mische mich trotz meines Missfallens ein, besser gesagt, genau deswegen. Gabriel scheint in seinem bekifften Zustand den Unterschied nicht herauszuhören.

»Ihr redet aneinander vorbei«, kläre ich den Belgier auf. »Er spricht von Schwulen, nicht von Frauen.«

Er scheint meinen Einwand zu verstehen und erklärt dem Grizzly: »Ich bin nicht schwul, ich suche eine Frau.«

»Egal ob Girls oder Gays«, der Riese wirbelt seine Hände theatralisch durch die Luft. »Es ist nicht in Stein gemeißelt, welche Orientierung man hat.«

Hier läuft etwas falsch, was mein Pilgerkollege offensichtlich nicht mehr wahrnimmt, seit er das marokkanische Kraut geraucht hat. Bei Gabriel bin ich mir sicher, dass er genauso wenig wie ich spontan zum anderen Ufer wechseln würde. Als er dem Hünen hinterher stapft, mache ich mir ernsthafte Sorgen um ihn, da er offenbar komplett den Durchblick verloren hat. Für den Fall, dass er zu etwas gezwungen werden sollte, was er nicht will, folge ich den beiden, um notfalls einzugreifen. Wir überqueren eine Brücke und wandern die Uferpromenade hinauf.

»Das ist die Blue-Light-Bar.« Der Grizzlybär zeigt auf ein blau beleuchtetes Gebäude, vor dem junge Männer Bier trinken, kiffen und uns neugierig mustern. »Es gibt auch eine zweite Bar gegenüber, aber dieses Etablissement für Gays gefällt mir wesentlich besser.«

»Es wird Zeit, heimzugehen«, versuche ich, Gabriel abermals aus der Situation zu retten. »Die Bar ist nicht das, was du suchst.«

Er schaut sich verunsichert um. Schließlich nickt er. Offensichtlich scheint die berauschende Wirkung seines Joints nachzulassen und die Information den Nebel der Drogen langsam zu durchdringen. Wir verabschieden uns von dem Hünen und begeben uns um mittlerweile vier Uhr zur Herberge.

»Morgen werde ich Jan diese Bar empfehlen. Unterwegs hat er mir offenbart, dass er schwul ist.«

»Mir hatte er gesagt, er würde in Bilbao gerne in eine Sauna gehen«, entgegne ich, als mir klar wird, was der holländische Pilger mit Sauna gemeint hatte.

Nach einer Viertelstunde stoppt Gabriel. »Hier in der Vorstadt lässt sich vielleicht noch eine Frau finden.«

»Okay, ich gehe schon voraus. Wir sehen uns später in der Herberge.«

Genervt setze ich meinen Weg alleine fort. Kurz vor Sonnenaufgang habe ich keine Lust, auf eine weitere Entdeckungsreise zu gehen, zudem der Weg zur Unterkunft sich hinzieht. Als ich endlich oben angekommen bin und in meinem Geldbeutel nach der Keycard suche, um die Zimmertür zu öffnen, bekomme ich einen Schock. Alle Ausweise sind verschwunden. Die Bankkarte ebenso wie die Chipkarte, mit der ich in den Schlafsaal gelangen könnte. Da fällt mir ein: ich hatte bis auf das Geld alles herausgenommen und im Spind eingeschlossen. Und der befindet sich hinter der Zimmertür aus massivem Stahl. Von den im Raum schlafenden Pilgern wird wohl keiner mein Klopfen hören. Zudem ist es meiner Uhr zufolge halb sechs und es wäre peinlich, sie um diese Zeit zu wecken. Ich verlasse das Gebäude wieder und setze mich auf die Terrasse in der Hoffnung, Gabriel würde bald auftauchen, damit ich mit Hilfe seiner Keycard in den Schlafraum gelangen könnte.

Nach einer Weile sehe ich eine einsame Gestalt, die den Weg hinaufkommt. Mit Erleichterung erkenne ich in ihr den belgischen Pilger.

»Ich hatte noch einen Joint geraucht. Davon ist mir schlecht geworden«, berichtet er. »Deswegen habe ich mich entschieden, mich auf den Heimweg zu begeben.«

Um sechs Uhr morgens liege ich endlich im Bett.

Verhängnisvoller Scherz

Während ich höre, wie sich unsere Zimmerkollegen für den Morgen zurechtmachen, versuche ich mich auf dem Bett noch ein wenig zu entspannen. Als alle bis auf den zweiten Nachtschwärmer den Raum verlassen haben, fällt mir ein, dass es das Frühstück nur zwischen 8:00 bis 8:30 gibt und wir das mitbezahlen mussten. Hastig erhebe ich mich, streife mir Klamotten über und wecke Gabriel. Er gähnt und murmelt: »Okay, dann stehe ich auch auf.«

Eigentlich wäre ich noch rechtzeitig gewesen, als ich Viertel nach acht den Frühstücksraum betrete. Doch bis auf eine große Thermoskanne wurde das Buffet vollständig abgeräumt. Einen Schluck Kaffee habe ich aber dringend nötig. Da es an frischem Geschirr mangelt, greife ich nach einer gebrauchten Tasse von der Geschirrablage, fülle sie und setze mich zu meinen Mitpilgern. Gabriel erscheint kurz darauf und ist vom Anblick des leer geräumten Frühstücksraums ebenso enttäuscht wie ich.

Da wir keine zweite Übernachtung gebucht haben, verlassen wir unser Zimmer und geben die Rucksäcke beim Empfang in Verwahrung. Dieser ist rund um die Uhr besetzt, so können wir unser Gepäck jederzeit wieder abholen. Für den zweiten Tag in Bilbao folgen wir dem Vorschlag der französischen Pilgerin Juli, eine Tour durch die Stadt zu unternehmen. Auf dem Weg zur Metro, die uns ins Zentrum bringen soll, raucht Gabriel seinen ersten Joint, was alle belustigt kommentieren. Da er jedoch keinen Kaffee mehr bekommen hat, muss er sich mit etwas Anderem aufputschen.

Das Guggenheim-Museum ist die größte Sehenswürdigkeit der Stadt. Das weltberühmte Gebäude bietet eine einmalige Architektur. Auf dem Weg zum Eingang wandern wir durch künstlichen Nebel, der vor dem Bauwerk umherwabert. Juli ist ein wahrer Kunstfan, wie ich mittlerweile festgestellt habe. Doch als sie an der Kasse Erkundigungen einholt, kommt sie enttäuscht zurück.

»Eine Stunde lang müssten wir in einer Schlange warten, um in die Ausstellung zu kommen.«

Wir verlassen das Gebäude wieder. Ich bin erleichtert. Pilgern und Kunstmuseen besuchen, das passt einfach nicht zusammen.

»Warum man viele Millionen für ein Gebäude ausgibt, um Bilder von mittelmäßigen Malern aufzuhängen, habe ich noch nie verstanden«, kommentiert Gabriel leise. Ich nicke zustimmend, da ich bisher ebenso wenig Sinn für moderne Malerei entwickelt habe.

Auf dem Platz oberhalb des Museums weckt jedoch eine riesige Figur mein Interesse. Es ist eine mit Blumen bepflanzte Katze, schätzungsweise zehn Meter hoch ist die Skulptur von *Jeff Koons*.

Beim Mittagessen erzählen die beiden Französinnen, sie würden von Bilbao zurück in ihre Heimat nach Bordeaux fahren. Was ich für meine weitere Tour planen würde, fragen sie mich bei der Gelegenheit. Ich antworte zum Scherz, dass ich abends erneut in der Stadt feiern gehen und anschließend den nächsten Wegabschnitt bei Nacht unternehmen wollte. Gabriel, der neugierig zuhört, grinst. »Da mache ich mit.«

Unerwartet befinde ich mich in einer Zwickmühle. Die Idee, eine Nachtwanderung auf dem *Camino* zu unternehmen, stammt eigentlich nicht von mir, sondern von der ungarischen Pilgerin Agnes. Sie hatte unterwegs gefragt, ob jemand schon mal nachts gepilgert wäre.

Es gibt eine Legende auf dem Jakobsweg. In den finsteren Stunden wäre die *Santa Compaña* unterwegs. Geister, die aus den Gräbern steigen und in Richtung Santiago pilgern. Kurz vor Sonnenaufgang würde die düstere Gesellschaft sich zum nächsten Friedhof begeben und in den Gräbern verschwinden. So ginge es Nacht für Nacht, und den Untoten sollte man auf keinen Fall begegnen. Wenn man auf sie träfe, wäre man verflucht, sich ihnen anzuschließen und würde bis ans Ende der Zeit jede Nacht mitwandern.

Es gibt kein Zurück mehr, ich muss diese Aktion durchziehen. Außerdem interessiert mich, ob es diese düsteren Gesellen tatsächlich gibt.

»Okay, abgemacht.« Ich hoffe, meine naive Neugier wird mir nicht zum Verhängnis.

Im Anschluss löst sich die Gruppe auf, da ein Teil der Pilger zum nächsten Ort mit der Bahn fahren will, weil abermals eine sehr unattraktive Etappe durch Industriegebiete folgen würde. Wenn dies stimmt, würden Gabriel und ich bei Dunkelheit nichts Sehenswertes verpassen.

Der Nachmittag zieht sich hin. Ziellos streife ich mit dem Belgier durch Bilbao. Als wir an einer Sportfiliale einer französischen Kette vorbeikommen, fällt mir ein, dass ich etwas besorgen wollte. Ersatzschuhe. Sandalen sollten es sein, die auch für Wanderungen bei Nässe geeignet sind und gleichzeitig angenehm zu tragen wären. Möglichst billig. Ich finde Kunststofftreter mit Clip-Verschluss für zehn Euro und hoffe, dass sie ein paar Kilometer überstehen, ohne auseinanderzufallen. Im Anschluss besuchen wir ein Fastfood-Restaurant, um uns für die Nachtwanderung zu stärken. Ich bestelle ein *Menu del dia*, während der Belgier sich mit einer Kleinigkeit zufriedengibt. Als wir mit dem Essen beginnen, kommt ein Mann schwankend die Straße hinauf und setzt sich spontan zu uns.

»Basken sind anders«, beginnt der neue Gast einen politischen Vortrag. »Die anderen Europäer sind gleich, Franzosen, Italiener, Deutsche und auch der Rest der Spanier. Aber wir Basken sind anders. Deswegen wollen wir unabhängig sein.«

»Ist es noch zeitgemäß, wenn man unabhängig sein will?«, fragt mein Pilgerkollege kritisch. »In der Europäischen Union versuchen unsere Nationalstaaten ja gerade, zueinander zu finden.«

»Wir Basken sind nicht wie der Rest von Europa. Wir sind anders«, wiederholt er sich. Eine Weile hört Gabriel geduldig zu, kann aber an den Wiederholungen des Mannes genauso wenig Freude finden wie ich. »Wir Basken sind anders«, wiederholt der Mann noch ein paarmal. Als ich mein Essen beendet habe, beeilen wir uns, fortzukommen.

»Ich bin zwar für jede Gelegenheit dankbar, in der ich mein Spanisch verbessern kann. Das Geschwätz des Burschen hat mich aber extrem genervt.«

Abends landen wir in der Straße mit den heruntergekommenen Kneipen, in der wir vergangene Nacht unterwegs waren. Bei Helligkeit fallen die Graffiti-verschmierten Fassaden erst richtig auf. Die Eingänge zu den Bars sind noch mit Rollläden aus Stahl versperrt. Wir nehmen vor dem einzigen geöffneten Lokal Platz und als wir unser abendliches

Bier genießen, setzt sich ein Mann hinzu, dessen Haare Pink gefärbt und in einem merkwürdigen Punk-Stil geschnitten sind. Er trägt Ohrringe aus Kunststoff in Regenbogenfarben.

»Es wird Zeit, weiterzugehen«, murmelt Gabriel. Als wir durch die Gassen gehen, erklärt er: »Das war eine Schwulenbar.«

Endlich hat er es auch erfasst. Bilbao scheint eine Stadt zu sein, in der sich die Homo-Szene ganz Spaniens trifft, vielleicht sogar aus ganz Europa.

Als die Dämmerung einsetzt, kehren wir zur Herberge zurück. Ich bin etwas verblüfft, als wir zwei Wanderern mit Rucksack begegnen. Sind sie ebenso auf die Idee gekommen, eine nächtliche Pilgertour zu unternehmen? Mit Gabriel entwickle ich den Plan, kurz nach Mitternacht zu starten. Bald ist es soweit und wir sind auf einer - jetzt müsste ein Trommelwirbel einsetzen - spannenden Nachtpilgertour unterwegs! Ich bin unheimlich gespannt, was wir im Dunkeln so alles erleben werden. Es wird möglicherweise richtig finster, da der Himmel sich immer mehr zuzieht und die schmale Mondsichel hinter den Wolken verschwindet.

Nachdem wir unsere Rucksäcke an der Rezeption abgeholt haben, setzt leichter Nieselregen ein. Wir beschließen, das Ende des Schauers abzuwarten und nehmen unter einer überdachten Terrasse vor dem Gebäude Platz. Dort sitzt eine Gruppe von Jugendlichen, die lautstark feiern, wie es in Jugendherbergen üblich ist. Kinder nutzen die Gelegenheit sofort, wenn sie unbeaufsichtigt sind. Auf dem Tisch stehen einige Sechserpacks Bier. Regelmäßig greift jemand nach einer Flasche und öffnet sie mit einem ohrenbetäubenden Wumms! Diese jungen Leute beherrschen den Trick perfekt, die Bierflasche mit einem Feuerzeug zu öffnen. Wumms! Erneut kracht ein Kronkorken gegen die Decke und fällt scheppernd auf die Terrasse. Jedes Mal folgt hysterisches Gackern, was mich und Gabriel ebenso zum Lachen bringt. Der Regenschauer lässt langsam nach.

Nachtwanderung

9. August, Bilbao → La Arena / Pobeña

Eine Stunde nach Mitternacht wird die Straße nur noch von einzelnen Tropfen benetzt.

»Also los!«, ruft Gabriel. Wir schultern unsere Rucksäcke und setzen uns in Marsch. Nachdem wir den Rohbau eines Stadions hinter uns gelassen haben, überqueren wir eine lange Brücke, deren unzählige Straßenlaternen fast blenden. Anschließend führt die Landstraße durch die Außenbezirke der Großstadt am Flussufer entlang. Es wird düster, als wir an Graffiti-beschmierten Ruinen vorbeiwandern. Die Straße ist zwar durchgehend beleuchtet, dennoch wirkt die heruntergekommene Gegend mit einer endlosen Reihe leerstehender Häuser gruselig. Gegenüber befindet sich ein Hafengelände, in dem Containerschiffe vor Anker liegen. Es herrscht Totenstille. Die Straße führt stur geradeaus. Ideal für eine Nachtwanderung. Die eintönige Wegführung macht es vollkommen unmöglich, dass wir uns verlaufen. Als der Weg zu einer Unterführung weist, hält Gabriel plötzlich inne.

»Halt! Warte! In Belgien ist dies stets eine Falle.« Mit einem Anflug von Panik betrachtet er den Gang vor uns. Dabei entdeckt er einen Spiegel im Tunnel. »Das ist ja fantastisch. Man kann um jede Ecke blicken und sehen, ob uns jemand auflauert.«

Nachdem er, ganz Soldat, den Weg mit einem Blick in den Spiegel abgesichert hat, setzt er sich in Bewegung. Der Tunnel führt um vier Ecken. Dank dieser Spiegel kann man seinen Verlauf bis zum Ende der Unterführung sehen. Eine grandiose Lösung! Ich frage mich, warum mein Kollege von solcher Panik ergriffen wurde, obwohl er bisher wie das Gegenteil eines Angsthasen wirkte. In Belgien gibt es offenbar ein immenses Kriminalitätsproblem, weshalb man nachts stets mit einem Überfall rechnen muss. Nachdem wir die Schnellstraße unterquert haben, ohne ausgeraubt worden zu sein, folgt erneut eine heruntergekommene Siedlung. Danach schließen sich verwilderte Grünflächen an. In der Ferne sind die Lichter einer Stadt zu sehen und wir hören monotones Wummern vom gegenüberliegenden Ufer.

»Jetzt müsste vor uns eine Brücke auftauchen, aber ich sehe sie nicht. Außerdem habe ich ein gravierendes Problem.« Die stramme Marschgeschwindigkeit, mit der ich bisher nur mit Mühe mithalten konnte, hatte auf dem letzten Kilometer stark nachgelassen. In diesem Moment fällt mir auf, dass Gabriel hinkt.

»Sollen wir anhalten?«

»Dort vorne im Park. Ich muss eine Pause einlegen.«

Wir erreichen am Flussufer einen Platz mit Bänken. Erschöpft lässt sich Gabriel niedersinken, streift seine Wüstenkampfschuhe ab und kramt in seinem Rucksack.

»Alles Okay?«

»Es ist ein altes Leiden, das wiederkehrt. Ich muss Schmerzmittel nehmen, dann geht es vorbei.« Er schluckt zwei Pillen und stöhnt unter Schmerzen.

Wir sind nicht alleine. Am Ufer haben ein paar Spanier Angelrouten ausgeworfen und diskutieren. Es scheint eine Alibibeschäftigung zu sein, um sich zu treffen und miteinander zu palavern. Mitten in der Nacht.

Wir betrachten die beleuchtete Stadt gegenüber, von der laute Musik herüberweht. Dort muss eine gigantische Fiesta stattfinden.

Die Medikamente scheinen nach einer Weile ihre Wirkung zu entfalten. Der Belgier zieht langsam seine Stiefel an, wir schultern unsere Rucksäcke und gehen an den Anglern vorbei. Die Laune meines Pilgerkollegen hebt sich und er lacht.

»Das ist die Brücke!«

»Ich erkenne nichts«, gebe ich zu und versuche, im Dunkeln einen Brückenbogen zu erkennen. Plötzlich nehme ich eine seltsame Erscheinung wahr und sehe eine Straßenbahn, die über dem Fluss schwebt. Wie der Fliegende Holländer, jedoch kann es kein Schiff sein, denn das Ding schwimmt nicht auf dem Wasser. Es ist ein Fahrzeug, dass sich wie von Geisterhand durch die Luft bewegt. Wenige Meter, bevor wir die ›Brücke‹ erreichen, erkenne ich Stahlträger über uns, die sich wenig vom dunklen Hintergrund abheben. Das Gefährt hängt an Stahlseilen.

Wir treten in eine Station ein, die wie der Eingang einer Metro wirkt und warten, während mir die Augen vor Müdigkeit fast zufallen. Zehn Minuten später hören wir ein Rauschen, das mit einem Klacken endet und eine Schranke öffnet sich.

Als wir das Fahrzeug betreten, lese ich den Namen des Herstellers: Schindler. Er erinnert mich an einen Kinofilm, der im dritten Reich spielt. Bisher ist mir der Name von einem Unternehmen bekannt, das Personenaufzüge und Rolltreppen produziert. Diese Plattform, mit der wir über den Fluss schweben, ist vermutlich einzigartig auf der Welt.

Auf der anderen Seite verlassen wir das schwebende Schiff, durchqueren den Ort *Portugalete* und folgen den Wegweisern des *Camino*. Zu erschöpft, um am Fest teilzunehmen, gehen wir an den feiernden Leuten vorbei.

Vom oberen Ende einer Treppe marschieren wir lange aufwärts weiter, können jedoch keinen Wegweiser mehr entdecken. Am Ortsende kehren wir um und marschieren einige Kilometer wieder zurück, bis wir an einer Kirche endlich das Muschelsymbol finden. Es ist unklar, in welche Richtung es weist, doch da wir die falsche Richtung kennen, versuchen wir es mit der anderen Variante. Als wir weitere Pfeile sehen, wird uns klar, dass wir einen riesigen Umweg gegangen sind. Über GPS versuche ich herauszufinden, wo sich unser Ziel, die Herberge von *Portugalete* befindet. Nochmals müssen wir umkehren und stolpern eine steile Straße hinab. An unserer Seite befinden sich Rolltreppen, wie man sie von Kaufhäusern kennt, die jedoch nicht in Betrieb sind. Vermutlich ist *Portugalete* eine Schindler-Modellstadt. Todmüde stehen wir vor den Toren der Pilgerherberge. Ein Zettel an der Tür weist darauf hin, dass diese Unterkunft um 16 Uhr öffnet. Beim Blick auf mein Handy stelle ich die Zeit fest. Es ist fünf Uhr morgens. Ich versuche, die Zeit zu berechnen, die wir warten müssten.

»Das dauert viel zu lang! Lass uns weitergehen und einen anderen Schlafplatz suchen«, drängt Gabriel zum Aufbruch. An seiner Stimme erkenne ich, dass seine Laune an einem extremen Tiefpunkt angekommen ist. Es dauert eine Stunde, bis wir die letzten Häuser hinter uns gelassen haben und einen gepflegten Park mit einer großen Rasenfläche und einem Spielplatz erreichen. Daneben befindet sich eine Baumgruppe. Ich bin mir sicher, dass dies der einzige geeignete Übernachtungsplatz ist, den wir um sechs Uhr morgens noch finden können. Eine Isomatte wäre von Vorteil. Doch da ich ursprünglich nicht vorhatte, im Freien zu übernachten, muss mein dünner Jugendherbergssack und ein kleines Handtuch darauf genügen. Auf dem Rasen liegend sehne ich mich frierend dem Sonnenaufgang entgegen.

Ein einsamer Jogger rennt in wenigen Metern Entfernung an uns vorbei, ignoriert uns jedoch. Als die ersten Sonnenstrahlen den Horizont erhellen, sehe ich die ersten Pilgergruppen vorbeiwandern. Es sind offensichtlich Frühaufsteher. Da ich befürchte, dass sich der Park bei Sonnenaufgang mit Sportlern füllen würde und erste Kinder auf den Spielplatz drängen, wische ich mir den Morgentau aus dem Gesicht und wecke Gabriel. Eilig heben wir unser Lager auf und sind rasch bereit zum Aufbruch. Der Weg wirkt nagelneu und es sind zwei Spuren darauf angelegt. Eine für Radfahrer und die andere für Fußgänger. In Schlangenlinien führt er viele Kilometer durch eine Hügellandschaft, die vulkanischen Ursprungs sein könnte. Zumindest meine ich die typische Form von Kegeln zu erkennen. Es geht einige Kilometer bergab, bis Leute in Badelatschen an uns vorbeigehen und wir eine Gruppe von Kindern mit Schwimmreifen überholen. Das Meer scheint nicht mehr weit zu sein. Nachdem wir eine kleine Siedlung hinter uns gelassen haben, sehe ich in der Ferne die Reflexionen der Sonne blitzen. Erleichtert atme ich aus und lasse den Blick über das Wasser schweifen. Laut meinem Plan ist dies *La Arena*. Der erste Ort, an dem man wieder zur Küste gelangt und in dem sich auch eine Pilgerherberge befindet. Wir betreten die Terrasse eines Strandcafés und treffen bekannte Gesichter. Es ist eine Französin aus unserer Pilgergruppe, deren Namen ich bisher nicht erfahren habe, sowie die Holländerin und Benoît. Es fehlt Jan. Der sitzt vermutlich in Bilbao gerade in seiner Sauna. Wir gesellen uns zu der ausgedünnten Gruppe und wie ich erfahre, wird es ein Abschiedstreffen.

»Unser Weg ist hier zu Ende. Am Montag müssen wir zurück zur Arbeit. In einer Stunde reisen wir mit dem Bus ab«, verkünden die drei. So ist das Ende der Pilgergesellschaft besiegelt und als karges Überbleibsel bleiben nur ich und der Belgier. Nachdem die anderen sich verabschiedet haben, regt ein Sonderangebot im Café meinen Appetit an. Frittierter Croissant und Kaffee für 2 Euro. Während ich bestelle, fragt der Belgier mich, was mein weiterer Plan wäre.

»Heute gehe ich nicht mehr weiter und werde mich in der Pilgerherberge einquartieren. Du sicher auch«, entgegne ich in der Annahme, dass er nach zwei Tagen ohne Schlaf das Ende seiner Kräfte ebenso erreicht haben müsste.

»Ich weiß noch nicht, was ich tun werde. Vielleicht weiterwandern, oder hierbleiben. Ich lege mich aber jetzt an den Strand.« Er verlässt die Terrasse, auf der ich mir das Frühstück gönne und mit Kaffee meine restlichen Lebensgeister wecke. WLAN ist verfügbar und ich nehme mir Zeit, mein Tagebuch im Internet zu aktualisieren.

Als es zur Mittagszeit wärmer wird, begebe ich mich zum Strand, der aus dunklem Sand besteht und dennoch meine Stimmung etwas aufhellt. Ich blicke mich um. Gabriel ist nirgends zu sehen. Ich habe den Eindruck, dass ihm die absurde Nachtaktion die Laune verhagelt hat. Ursprünglich war es als Witz gedacht. Nachdem wir dies in der Praxis ausprobiert haben, muss ich feststellen: es war eine bescheuerte Idee. Müde breite ich mein Handtuch aus, nehme Platz und blicke aufs Meer. Ich fühle mich wie ein Schiffbrüchiger, der an den Strand gespült wurde und bin vollkommen ausgelaugt. Die Stimmen der Badegäste nehme ich wie ein fernes Echo wahr, sie wirken wie Außerirdische.

Mit dem Belgier hat sich jetzt auch der letzte vom Acker gemacht.

So macht Pilgern keinen Spaß.

Da ich in der Siedlung die Pilgerherberge nicht finden kann, erkundige ich mich im Café und erfahre, dass sie sich im nächsten Dorf namens *Pobeña* befinden würde. Dieses befindet sich am anderen Ende des Strandes.

Es ist früher Nachmittag und vor der Unterkunft drängeln sich schon zahlreiche Pilger. Leider sehe ich kein bekanntes Gesicht mehr. Wenigstens gelingt es mir, einen Schlafplatz zu reservieren. Den Rest des Tages nutze ich, um Wäsche zu waschen, am Strand umherzuwandern und früh zu Bett zu gehen.

Kantabrien

Cantabria

Der Weg aus dem Baskenland

10. August, Pobeña → Castro Urdiales / Islares

Ich fühle mich, als wäre ich aus einem bizarren Traum erwacht. Während ich den schmalen Pfad an der Küste hinaufwandere und die Spiegelung der aufgehenden Sonne im Meer betrachte, spüre ich die Nachwirkungen der vergangenen Tage. Das Gefühl will nicht weichen, auf einer einsamen Wanderung zu sein. Die zunehmende Helligkeit des Zentralgestirns weckt meine Lebensgeister, als ich auf die unendliche Weite des Ozeans blicke.

Und es kommt mir vor, als wäre ich den ersten Tag auf dem *Camino* unterwegs, da ich unter den Pilgern, die mir begegnen, keinen einzigen Bekannten entdecken kann. Der Marsch auf dem idyllischen Weg führt mich durch einen Tunnel, an dessen Ende mich eine Ziegenherde begrüßt. Der Paarhufer, der aufgrund seiner Größe wohl der Anführer ist, nähert sich neugierig und ich stoppe, um Fotos von der Herde aufzunehmen.

Ein gutes Stück weiter sind Hinweistafeln aufgestellt, die etwas über die Geschichte dieses Küstenabschnitts erzählen. Demnach wurde hier vor lange vergangener Zeit eine Art Bergwerk betrieben, mit dem Düngemittel aus dem Meer gefördert wurde. Mit viel Liebe zum Detail ist es mit Bildern auf gekachelten Flächen dargestellt.

Diese Etappe ist besonders abwechslungsreich. Sie führt abseits des Meeres durch verlassene Siedlungen und an Hausruinen vorbei. In einem verwilderten Garten am Ende eines Dorfes spielt eine Gruppe junger Katzen, danach folgt fast unberührte Natur. Es gibt Käfer, die ich nie zuvor gesehen habe und Schmetterlinge, die mir völlig unbekannt sind, machen die Wanderung beim stetigen Auf und Ab zum meditativen Naturerlebnis.

Einem Hinweisschild entnehme ich, dass ich die Autonomieregion Baskenland verlasse und *Kantabrien* betrete. Im ersten Vorgarten danach flattert eine mächtige rot-gelb-rote Flagge. Offensichtlich will man in direkter Grenznähe seine Verbundenheit zu Spanien demonstrieren. Mittlerweile sehe ich die Unabhängigkeitsbestrebungen der Basken kritischer, die allerorts wie ein Ritual zelebriert werden. Den Regionen des Landes wurde eine gewisse Eigenständigkeit zugestanden und die Zeit der Diktatur, die alle Kulturen im Land assimilieren wollte, liegt mittlerweile vier Jahrzehnte zurück. Zwar mussten die Basken unter der Tyrannei des Generalissimus Franco besonders leiden, sie sollten aber ihren Blick mehr auf die Zukunft richten, nachdem ihnen alle sprachlichen und kulturellen Freiheiten gewährt wurden. Unter dem Eindruck einiger Begegnungen habe ich meine Meinung geändert, was mit Sicherheit mit den seltsamen Leuten zu tun hat, die sich vehement für die Autonomie des Baskenlandes ausgesprochen hatten. Durch ihre Art, die an Besessenheit grenzt und mir unsympathisch war, haben sie mich mehr vom Gegenteil überzeugt.

Als ich ein verlassenes Bahnhofsgebäude passiere, entdecke ich eine Art Stufenpyramide. Sie gleicht auf den zweiten Blick weniger einem Bauwerk von Pharaonen, sondern einem Gebirge, das abgetragen wird, um irgendeinen Rohstoff zu fördern. Aufgrund der rötlichen Färbung vermute ich, dass das Gestein eisenhaltig ist. Und die Vermutung, dass in dieser Umgebung Erzabbau betrieben wurde oder betrieben wird, manifestiert sich, als ich einen Provinzort erreiche, in dem die Zeit sehr langsam zu vergehen scheint. Eine historische kleine Dampflok ziert den Dorfplatz.

Der *Camino* führt durch einen langen schmalen Tunnel, der nur für Radfahrer und Fußgänger zugänglich ist. Vielleicht ein ehemaliger Stollen. An seinem Ende blendet mich plötzlich die Sonne. Als sich meine Augen an die Helligkeit gewöhnt haben, sehe ich das Meer. Es geht eine Promenade entlang mit Blick auf einen Sandstrand, der aus einem Farbprospekt stammen könnte. Fast perfekt, wenn man davon absieht, dass es hier zugeht wie in einer Sardinenbüchse. Der Kontrast könnte kaum größer sein. Erst die Einsamkeit in der Provinz und nun das dichte Gedrängel an einem der wohl begehrtesten Strände Spaniens. Dieser Ort *Castro Urdiales* ist vermutlich ein jährliches Ziel für Millionen von Badegästen. Am Kiosk besorge ich mir ein eisgekühltes Bier und setze mich auf ein Stufenplateau in die Sonne. Es wirkt sicher komisch, wenn man als Pilger mit seinem Rucksack inmitten von Badegästen sitzt, die außer ihm alle Badekleidung tragen und ihren Körper bräunen lassen. Die Aussicht gefällt mir sehr gut. Nicht nur Sonne, Meer und Strand. Besonders angetan bin ich von den sonnenbadenden Spanierinnen. Nicht alle tragen einen Bikini. Man fühlt die Unbeschwertheit und Lebensfreude der *Copa Cabana*. So stelle ich mir diese jedenfalls vor. Hier könnte ich ewig verweilen. Doch das Pilgern bringt ein Problem mit sich, denn irgendwann muss man weiter und sich einen Platz in der Herberge erkämpfen, sonst bleibt nur das teure Hotelzimmer oder man muss draußen schlafen.

Diese durch eine Balustrade vom Strand getrennte Promenade ist malerisch mit einer endlosen Reihe von Palmen gestaltet und an ihrem Ende führt der Weg an Mauerresten und Ruinen vorbei. Über eine Treppe erreiche ich ein Plateau, auf dem eine Burg und eine Kirche thronen. Da beide verschlossen sind, muss ich mich mit der Besichtigung der Fassaden zufrieden geben. Die Kirche ist romanisch, besitzt in ihrer Mitte aber einen gotischen Turmbau und auf der Burg ist ein Leuchtturm zu sehen.

Ein Stück weiter entdecke ich eine Lagune mit einem kleineren Sandstrand, auf dem die Badegäste weniger dicht gedrängt sind, bis Wegweiser mich ans Ende von *Castro Urdiales* leiten. Ein kurzer Anstieg an einer Arena vorbei und ich erkenne schon die Pilgerherberge, vor deren Eingangstür sich eine Schlange von Rucksackträgern gebildet hat. Rundherum befindet sich ein Garten, in dem weitere Leute ihr Gepäck abgestellt haben und auch darauf warten, dass die Unterkunft ihre Pforten öffnet. Welches Gedränge! Alle wollen sich wohl schnell einen Platz sichern, zum Strand zurücklaufen und ins Meer springen.

Ein wenig in den Wellen zu planschen und mir die Sonne auf den Bauch scheinen zu lassen, etwas Schöneres kann ich mir gerade nicht vorstellen. Die Lagune, an der ich zuvor vorbeigelaufen war, würde mich besonders reizen, denn noch nie habe ich in einem See gebadet, der durch einen Tunnel mit dem Meer verbunden ist.

Eine Stunde später herrscht Aufregung wie in einem Ameisenhaufen. Die Schlange vor der Eingangstür ist immens angewachsen und die ersten Pilger werden eingelassen. Es dauert lange, bis die Anstehenden vor mir an die Reihe kommen. Der Verwalter schüttelt jedoch den Kopf und zeigt auf die Liste, auf der die Schlafplätze durchnummeriert sind. Das letzte Feld darauf ist schon ausgefüllt. Etwas nachdrücklicher wende ich mich an den Verwalter mit der Frage nach einem Schlafplatz und obwohl er abermals mit dem Kopf schüttelt, lasse ich mich nicht abwimmeln.

»Ich müsste nur meinen Rucksack in der Herberge deponieren. Eine Ecke zum Schlafen finde ich später noch, auf dem Boden oder vielleicht im Garten der Herberge. Wenn selbst das nicht erlaubt ist, hätte ich kein Problem, am Strand zu schlafen.« Ich wollte einfach nur zum Strand gehen und meinen Rucksack hier sicher verwahrt wissen.

»Nein, nein, das ist nicht möglich. In einem kleinen Dorf würde das niemand stören, aber in dieser Stadt ist es anders. Gehe die Straße hinunter zur Haltestelle. Jede Stunde startet ein Bus nach *Islares*. Der Ort ist nicht weit entfernt und dort befindet sich die nächste Pilgerherberge.«

Ich mustere ihn. Es scheint nichts zu bringen, noch länger mit ihm zu diskutieren. Ich könnte meinen Rucksack heimlich in der Unterkunft verstecken und einige Stunden am Strand verbringen, um mir nach Einbruch der Dämmerung einen Liegeplatz auf dem verdorrten Gras des Gartens einzurichten. Der Plan scheint mir aber nicht ganz ausgereift und Einzelheiten müsste ich erst noch austüfteln. Ich schultere den Rucksack und verabschiede mich vorläufig. Auf dem Weg zum Meer komme ich an der Haltestelle vorbei, an der schon ein halbes Dutzend Pilger wartet. Spontan entscheide ich mich, eine Weile dort zu verweilen und zu hören, was sie von der Weiterfahrt zur nächsten Herberge halten. Sie wären schon viele, höre ich und sie scheinen unsicher zu sein, ob es dort Platz für so viele Leute gäbe. Nach einer Weile verzieht sich der größte Teil der Gruppe.

»Mit dir wären wir jetzt nur noch zu dritt«, spricht mich einer der Verbliebenen an. »Vielleicht haben wir noch eine Chance, einen Platz zu bekommen.«

Sie sind Franzosen, erfahre ich. Mittlerweile habe ich auch einen vernünftigen Plan. Vorerst mitzufahren und mir diese Alternative anzuschauen. Falls die Herberge zu unattraktiv oder belegt wäre, würde ich mit dem Bus zurückkehren, den Abend am Strand verbringen und bei Dunkelheit zur Pilgerherberge zurückkehren, um mich in den Garten zu legen. Der Name *Islares* hört sich aber nicht schlecht an. Vielleicht ist es eine Insel mit einem schönen Strand und hübschen Badenixen. Als der Bus startet, herrscht bestes Strandwetter, doch während der Fahrt zieht sich der Himmel zu. Es sieht sogar danach aus, als kündige sich Regen-wetter an. Mit den neuen Kollegen laufe ich an einer sumpfigen Wiese vorbei, die mit Zelten zugestellt ist. Wir treten in die Herberge und einem Pilger vor uns wird gerade ein Schlafplatz zugewiesen. Als die beiden Franzosen an der Reihe sind, blickt der Verwalter nachdenklich auf seine Liste.

»Es gibt ein Problem« spricht er mit entschuldigender Miene. »Es gibt nur noch ein Bett im Schlafsaal. Wir vermieten aber auch Zwei-Mann-Zelte.«

»Nimm den Einzelplatz«, sagt einer der Franzosen nach kurzer Über-legung zu mir. »Wir zwei kennen uns gut und nehmen zusammen ein Zelt.«

Im ersten Augenblick habe ich ein schlechtes Gewissen, da die zwei ein Vorrecht bei der Wahl hätten. Doch auch für sie gäbe es keine bessere Konstellation, denn im Zelt wären sie unter sich. Mir bleibt durch diesen Zufall der schmuddelige Platz im Zelt mit einem nahezu Unbekannten erspart. Mit dem trockenen Bett im Schlafsaal könnte ich mich als Glückspilz sehen, wenn meine Erwartungen nicht so hoch gewesen wären. Als ich in den Schlafraum eintrete, sehe ich etwas in einer mir bisher unbekannten Dimension: Dreifach-Stockbetten. Und mein Platz befindet sich ganz oben. Nachdem ich meinen Rucksack abgesetzt habe, ist mir unklar, wie ich dort überhaupt hinaufgelangen könnte. Denn eine Leiter gibt es nicht. So versuche ich, seitlich hinaufzu-klettern, damit ich die zwei darunter, die gerade einen verspäteten Mittagsschlaf halten, nicht wecke. Vorsichtig setze ich einen Fuß auf den Rand des unteren Bettes, während sich die Metallkonstruktion mit einem lautem Ächzen darüber beschwert. Nach dem Schritt auf das mittlere Bett versuche ich, mich mit Schwung zur dritten Etage hochzu-hieven. Dabei kippt das Gestell nach vorne und in einem Reflex springe ich wieder ab. Fast wäre das Stockbett umgefallen. Ich ernte kritische Blicke von den Beiden, die sich in ihrer Ruhe gestört fühlen. Mein Versuch ist gescheitert. Es bleibt nur noch die Möglichkeit, am schmalen Ende des Gestells emporzuklettern. Das Gestell kracht und ächzt, stürzt aber nicht um. Ganz oben wird es zu einer athletischen Übung, mich zwischen Rahmen und Zimmerdecke hindurchzuzwängen und auf das

Bett zu gelangen. Erleichtert strecke ich mich aus und gönne mir eine wohlverdiente Ruhepause.

Nach der Erholungsphase verlasse ich die Herberge für einen Spaziergang durch den Ort. Es ist eine einzige Straße mit einer überschaubaren Anzahl von Häusern. Die einzige Möglichkeit, mich mit Essen zu versorgen, befindet sich im Supermarkt eines Campingplatzes am Ende des Dorfes. Mit Cola und Erdnüssen bewaffnet wandere ich die Küste entlang, finde jedoch keinen Strand. Es ist eine Felsenküste mit einer kleinen Bucht. Ruderboote liegen vor Anker. Wie die Wolkenformation zuvor befürchten ließ, beginnt es zu nieseln, als ich mich durch unwegsames Gelände kämpfe und über felsige, von Brombeerranken überwachsene Felder wandere, auf denen Schafe weiden. Ich zwänge mich durch ein letztes Gebüsch und bin zurück bei der Herberge.

Als ich meinen Liegeplatz erklommen habe, beginne ich von dem entgangenen Nachmittag an dem wunderbaren Strand zu träumen. Auf dieser Tour läuft etwas falsch. Wegen des täglichen Wettlaufs um einen Übernachtungsplatz kommt alles andere zu kurz.

Abendliche Flugshow am Strand

11. August, Islares → Noja

Die Herberge bietet offiziell Platz für achtzehn Personen und für alle stehen eine Dusche und eine Toilette zur Verfügung. Mit dieser Zahl an Pilgern würde sich an diesem Morgen nicht so ein Stau entwickeln, würde es die erweiterte Unterkunft neben dem Gebäude nicht geben. Meiner Schätzung nach sind dort mindestens 10 Zwei-Mann-Zelte aufgestellt. Ich bin erleichtert, noch ein kurzes Zeitfenster zum Duschen zu bekommen, bevor ich die Pilgerunterkunft verlasse.

Bei einer kurzen Atempause auf dem Dorfplatz betrachte ich eine Art Gedenkstein, in dem der Name des Dorfes *Islares* eingraviert ist. Eine Statue steht darauf, die eventuell einen Helden oder eine wichtige Figur darstellen könnte, die den Ort repräsentieren würde. Seltsamerweise stellt dieses Standbild eine Ziege dar. Vielleicht passend für eine Siedlung, die nur aus einer Straße und wenigen Häusern besteht.

Den Vormittag über bleibt der Himmel bedeckt, während der Weg mich durch grüne und leicht hügelige Landschaft mit kleinen Ortschaften führt. Fuchs und Hase würden sich hier gute Nacht sagen, falls sie sich einmal begegnen sollten. Zur Mittagszeit führt mich der einsame Weg auf die Bundesstraße und es geht zumeist stetig bergab, bis nach einer kurzen Kuppe der Ozean in der Tiefe zu sehen ist. Davor erstreckt sich ein kilometerlanger Sandstrand, der sich bis zum Horizont hinzieht mit einer endlosen Ansammlung moderner Hotelbauten davor. Das Ortsschild kündigt die Stadt *Laredo* an. Werbewirksam sind Segelyachten, ein Stadtfest und einige Sehenswürdigkeiten darauf abgebildet. Offensichtlich ist es eine touristische Hochburg, in der es Platz für hunderttausend Badegäste gibt. Ich bin froh, dass ich an einer Wegkreuzung die rechte Abzweigung genommen habe und daher an das äußerste Ende des ewig langen Strandes gelangt bin. Der Alternativweg hätte meiner Vermutung nach gar nicht am Strand entlanggeführt. Als ich mich schon auf die Wanderung über den Sand freue, weckt etwas ganz Besonderes mein Interesse: eine uralte Kirche mit dem Namen *Iglesia Santa María de la Asunción*. Zu Deutsch: Maria Himmelfahrt.

Es ist ein sakraler Bau aus dem 13. Jahrhundert. Etwas nicht Alltägliches. So störe ich mich auch nicht daran, dass ich Eintritt bezahlen muss. Den halben Preis von 1 Euro für Pilger empfinde ich als besonders fair und bei dieser Gelegenheit bekomme ich auch einen weiteren Stempel in meinen Pilgerausweis.

Was ich auf diesem *Camino* in den heiligen Hallen immer wieder gesehen habe, finde ich auch hier: ein Schiff, das in einem Seitenschiff schwebt. Um es verständlicher zu erklären: es handelt sich um einen Modellbau-Dreimaster, der in einem seitlichen Bau der Kirche hängt. Was seine Bedeutung angeht, bin ich mir nicht sicher. Eine Version hatte ich unterwegs gehört und nach dieser stellt es jenes Schiff dar, in dem von Jerusalem aus die Gebeine des Heiligen Jakob über das Meer bis zur spanischen Küste transportiert wurden. Als ich emporblicke, entdecke ich noch etwas viel Interessanteres.

Auf den Säulen des Kirchengewölbes befinden sich Kapitelle, die mit speziellen Reliefs verziert sind. Zwar hat der Zahn der Zeit deutlich daran genagt und nur ein paar Farbreste sind noch vorhanden, aber die dargestellten Szenen sind noch deutlich erkennbar und keineswegs fromm. Eher modern. Ich wage kaum, in Details zu gehen. Es stellt Szenen dar, die sich meiner Vorstellung nach auch in der Sauna von Bilbao zutragen könnten. Nur extremer. Sogar Tiere sind daran beteiligt. Ich hatte von Darstellungen der Sünde in mittelalterlichen Kirchen gehört und angeblich sollten die Bildnisse Schockwirkung haben, da auch Satan irgendwo lauern würde. Auffällig ist, dass hier nur Szenen der Sodomie dargestellt wurden und die verzehrenden Flammen genauso fehlen wie die drohende Hölle. Selbst der Teufel ist in den Szenen nicht auszumachen. Sünde pur! Spannend. Ich frage mich, ob diese Reliefs zur Abschreckung dienten oder ob die Menschen damals gar nicht so fromm waren, wie heutzutage behauptet wird.

Ich bin nicht schlauer als zuvor, als ich aus dem Gotteshaus heraustrete und beschließe, mir eine Erkundigung bei der jungen Frau einzuholen, bei der ich Eintritt bezahlt habe. Aufgrund meiner verbesserungswürdigen Spanisch-Kenntnisse überspringe ich die Frage nach den Reliefdarstellungen aber spontan und komme zum Thema Übernachtungsmöglichkeiten. Meinem Plan zufolge würde es in *Laredo* eine Unterkunft für Pilger geben.

»Die Herberge *Buen Pastor* ist nur zehn Minuten entfernt«, erklärt die Dame, nimmt einen Stadtplan hervor und zeichnet den Weg auf.

Wenig später stehe ich vor dem Gebäude, doch vor verschlossenen Türen. Die Bürozeiten bei *Buen Pastor* sind bis zwölf Uhr mittags. Jetzt ist es ein Uhr. Zudem sieht dies gar nicht nach einer Pilgerherberge aus, eher nach einem Privatgebäude. Kurzentschlossen setze ich meinen Weg fort, durchquere die belebte Altstadt und erreiche wenig später den gelben Sandstrand, der unglaublich ist. Endlose Weite, die ich nur von Amrum an der Nordsee kannte. Ich streife die Sandalen ab und gehe barfuß über den feinkörnigen gelb-weißen Sand. Ein Marsch, der sich Stunden hinzieht und bei dem ich nur vereinzelten Spaziergängern begegne. Es ist nicht gerade ideales Badewetter. Die Wolken hängen schwer über dem Meer. Der Regen bleibt glücklicherweise aus. Nach vier Kilometern ist der Strand zu Ende und ich stelle fest, dass es mit blanken Füßen sehr anstrengend ist, weite Entfernungen im Sand zurückzulegen. Nun muss ich mich neu orientieren. Die Bucht zu umwandern, würde laut Plan zehn Kilometer zusätzlich betragen. Enttäuscht blicke ich zur gegenüberliegenden Seite, die nicht weit entfernt liegt. Hätte ich nicht meinen Rucksack dabei, könnte ich das kurze Stück hinüberschwimmen. Doch mit Gepäck wage ich das nicht. Ich fürchte, dass ich diesen im Wasser verlieren oder dass er mich zum Meeresgrund reißen könnte. Ebenso könnte mich die Strömung aufgrund des Gezeitenwechsels auf den Ozean hinaus ziehen.

Hier soll es jedoch eine Personenfähre für Pilger geben. Obwohl meine fünf Seiten mit Informationen zum *Camino del Norte* in Spanisch sehr minimalistisch sind, waren sie bisher unglaublich hilfreich … wären sie gewesen, wenn ich mich stets daran gehalten hätte. Ich muss nicht wirklich jeden Weg zu Fuß gehen und zu verlieren hätte ich mittlerweile nichts mehr, da ich sowieso wie ein Hobbit hier und da geschummelt habe. Ich sehe mich nach der Anlegestelle jener Fähre um, die mich zur anderen Seite bringen würde. Eine Weile dauert es, bis ich herausgefunden habe, wo sich die Anlegestelle befindet. Direkt am Strand.

Die Fähre ist ein umfunktioniertes Fischerboot, das sich mit lauter Musik ankündigt. »*Vamos a la Playa!*« Das alte Lied erkenne ich wieder. Fasziniert beobachte ich, wie ein Matrose die Kurbel betätigt, mit der eine Planke zum Strand ausgefahren wird. Dass die Spanier großartige

Meister der Improvisation sind, zeigt sich wieder einmal daran, wie sie Touristen mit einfachsten Mitteln bedienen können. Pilger, in meinem Fall. Oder Hobbits. Die Überfahrt dauert wenige Minuten, doch die schnelle Fahrt mit der eigentümlichen Fähre und die Musik aus dem Lautsprecher versetzen mich in Hochstimmung. Als wir nach wenigen Minuten anlegen, bedaure ich, dass die Fahrt nur von kurzer Dauer war. Beim ersten Wegweiser des *Camino* erkundigt sich ein spanisches Pärchen bei mir, wie der Weg weitergehen würde. Ich zeige auf den gelben Pfeil, der aus der Stadt hinausführt.

»Unsere private Herberge befindet sich aber hier, in *Santoña*«, entgegnen die beiden und empfehlen mir, hier auch nach einem Platz zu fragen, worauf sie schon verschwinden. Meine Information erwähnt jedoch eine Herberge, die ein Stück weiter auf dem *Camino* zu finden wäre. Daher wandere ich weiter die Küste entlang über eine Promenade, an der sich Ferienhäuser, Hotels und Restaurants aneinanderreihen. Am Ende der Straße prangt ein Schild ›Hostal‹. Dies ist eine Mischung zwischen Surfer-Camp und Biergarten. Ich betrete das Büro und lege meinen Pilgerausweis vor.

»Es ist noch ein Bett im Schlafsaal verfügbar. Der Preis für eine Übernachtung beträgt 48 Euro.« Der Angestellte fragt freundlich: »Wollen Sie gleich einchecken?«

»Wie bitte?« Ich bin sicher, dass er mich missverstanden hat und spreche langsamer: »Kein Einzelzimmer. Ich brauche nur ein Bett und das möglichst günstig.«

»Es ist das Günstigste, was wir haben. Ein Platz in einem Sechserzimmer für 48 Euro. Wollen Sie es gleich buchen? Oder wollen Sie es sich nochmal überlegen und später wiederkommen?«

»Ich überlege es mir noch.« Zuerst setze ich dazu an, ihm zu erklären, dass ich später wiederkommen würde. Der Preis ist Wucher. Spontan entscheide ich mich für ein eindeutiges: »Nein, das ist mir zu teuer.«

Ich brauche einen neuen Plan. Um ihn in Ruhe ausarbeiten zu können, gönne ich mir eine Pause im Biergarten vor dem *Hostal*. Es gibt hier meine viel geschätzten Tortillas und als ich die Gläser neben dem Zapfhahn sehe, beginnen meine Augen zu leuchten. Maßkrüge! Urdeutsche traditionelle Bierkrüge in dieser Größe hatte ich in ganz Spanien bisher noch nicht gesehen. Beim Zapfwirt ordere ich ein Stück der leckeren

Tortilla und ein Maß Bier. Endlich kann ich auf der Terrasse bei schmackhaftem Essen und einem erfrischenden Getränk entspannen. Es tut einfach gut, die Füße unter dem Biertisch auszustrecken und das Rauschen des Meeres zu hören, während ich den Surfern dabei zuschaue, wie sie ihre Bretter zum Meer tragen.

Nachdem ich mir diese Erholungsphase gegönnt habe, meldet sich wieder der Pilger in mir. Was soll ich auch lange darüber nachdenken, wohin ich heute gehen soll. Vor mir liegt der Weg. Genau das ist der Plan. Und der entwickelt sich beim Aufstieg über einen wilden Trampelpfad, der eine Düne hinaufführt, zu einem Traum. Ziegen grasen in der Wildnis und je höher ich steige, um so grandioser wird der Ausblick über den weitläufigen Sandstrand und die Felsenküste. Am Horizont wölbt sich der Ozean, als ich den höchsten Punkt erreiche. Beim Abstieg auf der anderen Seite eröffnet sich vor mir ein atemberaubender Strand. Den Traumpfad habe ich wenig später hinter mir gelassen und erreiche Meereshöhe, von dort wandere ich barfuß weiter über einen Sandstrand und genieße die Wellen, die über meine Füße rauschen. Es ist der schönste Strand, auf dem ich je gewandert bin, menschenleer und schier endlos. Es gibt weder Hotels noch Zeltplätze, das Gebiet scheint touristisch noch nicht erschlossen zu sein. Ich würde diesen Strand einen Geheimtipp nennen, falls ich einst einen Reiseführer schreiben sollte … besser nicht! Dieses Paradies sollte ich besser für mich behalten, bevor noch jemand auf die Idee kommt, die Dünen und das wilde Grün durch eine endlose Reihe von Hotelbunkern zu ersetzen. Bei diesen Gedanken habe ich einen neuen Plan. In diesen Dünen werde ich mir einen Schlafplatz suchen. Eile habe ich nicht mehr und genieße die vielen Kilometer auf dem Sand, bis am frühen Abend eine Siedlung vor mir auftaucht. *Noja* heißt sie und scheint eine mittelgroße Stadt zu sein. In einem kleinen Laden decke ich mich mit Snacks und Softdrinks ein. Unterwegs entdecke ich eine private Herberge. Ein letztes Mal versuche ich mein Glück und frage nach einem Platz. Alle Betten wären belegt, bekomme ich zur Antwort, aber diesmal bin ich nicht enttäuscht. Ich hatte mich schon darauf eingestellt, im Freien zu übernachten.

Als ich zum Strand zurückkehre, wird das Gelände mit einem Absperrband eingezäunt. Ein paar Arbeiter sind dabei, Lautsprecher aus einem Auto auszuladen und aufzustellen. Es wird also ein Spektakel hier stattfinden. Erwartungsvoll nehme ich meinen Rucksack ab und lasse mich in den Sand fallen. Käfige werden herbeigeschleppt und innerhalb des quadratischen Geländes Podeste errichtet. Eine Weile später sitzen Greifvögel und Eulen darauf. Sogar ein Geier, der misstrauisch Alles beobachtet, was um ihn herum passiert. Es ist ein außerordentliches Glück, so seltene Tiere zu sehen und ich bin unheimlich gespannt, was passieren wird. Mittlerweile sind zahlreiche Leute hinzugekommen, die sich rund um die Absperrung drängen.

Ein Mann tritt vor die Zuschauer und aus den Lautsprechern krächzt seine Begrüßung in Spanisch. Die Vorstellung beginnt mit einer kleinen Eule, die lautlos von ihm zu einem Kollegen flattert und weiter zu einer Frau. Nacheinander werden die Flugtechniken verschiedener Raubvögel vorgestellt. Ein Adler breitet seine mächtigen Schwingen aus und schwebt dicht über die Köpfe der Zuschauer hinweg. Als der noch wesentlich größere Geier knapp über die Köpfe der Kinder hinwegbraust, geben einige von ihnen erschrockene Schreie von sich. Es wird ein besonderes Highlight angekündigt und drei Zuschauerinnen werden gebeten, sich breitbeinig hintereinander aufzustellen. Der Trommelwirbel beginnt, es wird offensichtlich spannend, ein Tusch folgt und ein Greifvogel macht sich auf den Weg. Ein paar Flügelschläge weiter fliegt er unter den Freiwilligen hindurch und landet gezielt auf der Hand eines Veranstalters. Die Zuschauer honorieren das Schauspiel mit lang anhaltendem Applaus und mit diesem Höhepunkt endet das Spektakel. Im Anschluss ergibt sich die Chance, die Greifvögel aus der Nähe anzuschauen und ich nutze die Gelegenheit, um Fotos von ihnen aufzunehmen.

Die Dämmerung hat schon eingesetzt, aber es ist noch nicht dunkel genug, um mir meinen Schlafplatz am Strand einzurichten. Den späten Abend verbringe ich in der Stadt auf der Terrasse einer Bar, der sich mangels Gesprächspartner wenig abwechslungsreich gestaltet und kehre zwei Stunden später zum Strand zurück. Im Schatten der Dünen knabbere ich eine Handvoll Erdnüsse, als grelle Scheinwerfer auf mich zukommen, die in kurzer Entfernung abdrehen. Die Lichter nähern sich nach einiger Zeit wieder und ändern wie zuvor die Richtung. Ich erkenne einen Traktor mit Anhänger, der den Sand filtert und von jedem Unrat reinigt, der dort nicht hingehört. Damit er mich nicht ebenso herausfiltert, suche ich mir einen anderen Platz. Vom Areal, an dem die Flugshow aufgeführt wurde, gehe ich ein Stück aufwärts und ziehe mich tiefer in die Dünen zurück. Dort finde ich endlich das ideale Versteck, in dem ich meinen Platz für die Nacht herrichte. Hier wird mich niemand stören. Außer dem Wetter. Es beginnt zu nieseln. Und kalt ist es in den Sanddünen, daher lege ich mein kleines Handtuch über den Jugendherbergsschlafsack, der als Leinentuch für solche Zwecke eigentlich nicht gedacht ist. Dieser einzigartige Pilgertag wiegt den Mangel an Komfort jedoch um ein Vielfaches auf und war es wert, auf eine Nacht in einem bequemen Bett zu verzichten.

Ich wärme mich an den Erinnerungen des einzigartigen Wandertages mit den vielen Kilometern über paradiesische Strände, der Bootsfahrt und der exotischen Flugschau. Nachts ziehen sich die Wolken zurück und ein klarer Sternenhimmel öffnet sich. In der Ferne leuchten die Lichter von *Noja* und ich höre die Wellen des Ozeans wie ein immerwährendes Konzert über den Sand rauschen.

Genau so soll Pilgern sein.

Lebensgefährlicher Jakobsweg

12. August, Noja → Santander

Um sechs Uhr in der Frühe melden sich die ersten Vorboten der Morgendämmerung und es ist Zeit, mein Versteck aufzugeben. Schnell habe ich den Sand aus dem Leinentuch geschüttelt, meine Dinge verstaut und mache mich auf den Weg. Zuerst bibbernd, doch nach einem Kilometer werden meine steifen Füße beweglicher und die freigesetzte Energie treibt Wärme in meine frostigen Glieder. Bei Sonnenaufgang durchquere ich *Noja* und erkenne deren kreative Seite. Es scheint eine Stadt von Graffitikünstlern zu sein, da einige Mauern aus Beton mit Zeichnungen satirischer Art oder Superhelden geschmückt sind.

Die Landschaft wandelt sich in einen spärlich besiedelten Naturpark mit einer bunten Mischung aus ziegelroten Dächern, Wald und Weideflächen. Ich versuche, mich in die Perspektive eines Greifvogels zu versetzen, der in der Höhe schwebt und alles wie eine Modellbaulandschaft wahrnimmt. Er entdeckt den einsamen Pilger, der mit glückseligem Gesichtsausdruck dem Weg folgt, hier und dort einen Schluck Wasser zu sich nimmt und nach dem Pfeil oder einem Muschelsymbol Ausschau hält. Während der Greifvogel in Windeseile weite Strecken dieser Hügellandschaft überwindet, bewegt sich die kleine Figur am Boden träge vorwärts und benötigt viele Stunden für die gleiche Entfernung. Dieser Mensch ist für die langsame Art der Fortbewegung geschaffen und beobachtet alles, was um ihn herum passiert, betrachtet die grasenden Schafe und entdeckt sogar einige ihm bekannte Wildkräuter. Er betritt eine einsame Kapelle und genießt für eine Weile die Kühle innerhalb der Steinmauern, füllt neben dem heiligen Gebäude seine Wasserflasche und setzt unbeirrt seinen Weg fort. Nun entdeckt dieser Mensch etwas Außergewöhnliches, das über den Boden krabbelt, was der mächtige Adler aus der Höhe selbst mit seinen unglaublich scharfen Augen nicht erkennen kann.

So ein riesiges Insekt habe ich noch nie gesehen. Dieses Wunder der Natur kenne ich nur von Abbildungen. Einen Hirschhornkäfer. Die mächtigen Zangen wirken auf den ersten Blick bedrohlich. Doch da er sie nicht als Waffe einsetzen kann, wird er mich nicht zwicken, wenn ich ihn über meine Hand laufen lasse. Eine Weile beobachte ich, wie er mit den Fühlern seinen Weg sucht und wie ein Spielzeug über den Asphalt wackelt. Vor dem Abschied setze ich den Käfer ins Gras, um seine Odyssee auf der Straße zu beenden. Ich hoffe, die Wiese hat er gesucht und ich habe ihn nicht auf eine falsche Fährte gesetzt. Schließlich ist auch er eine Art Pilger.

Im nächsten Ort *Galizano* soll es laut Plan eine Herberge geben. Als ich mich bei einer Einwohnerin erkundige, wo sich diese befände, bestätigt sich meine Information nicht. Ich wundere mich ein wenig darüber, weil meine Kurzbeschreibung aus dem Internet bisher stets zuverlässig war. Es ist früher Nachmittag und ich setze meinen Weg fort.

Es geht die Landstraße abwärts und wenig später treffe ich auf eine Abbruchkante. Ein Strand befindet sich senkrecht darunter. Fasziniert betrachte ich dieses Wunder, das durch das endlose Spiel der Gezeiten über Jahrtausende geschaffen wurde. In dieser Bucht tummeln sich Sonnenhungrige, auf einem Beachvolleyballplatz liefern sich sportliche Badegäste einen Wettkampf. Ein schmaler Pfad führt an der Abbruchkante entlang und eröffnet den Blick auf einen noch größeren Strand. Vorsicht ist geboten, denn der Weg verläuft unmittelbar am Rand der Klippe, die lotrecht abfällt. Bei der schwindelerregenden Aussicht bekomme ich den Eindruck, dass sich die Natur alle Mühe gegeben hat, ein einzigartiges Paradies für Menschen zu erschaffen, bis ich die dritte Bucht unter mir sehe. Der großartige Sandstrand wird im Halbkreis von der Klippe umfasst, während ich in fünfzig Meter Höhe nur Zentimeter von der Kante entfernt wandere.

Die Menschen in Badehosen und Bikinis unter mir wirken klein wie Ameisen … ich stutze, schirme meine Augen gegen die Sonne und betrachte die Figuren am Strand genauer. Kann dies wahr sein? Im katholischen Spanien? Zuerst hatte ich angenommen, es läge an der Entfernung oder dem grellen Licht, dass die Mode der Badegäste nicht von ihrer Körperfarbe zu unterscheiden ist. Tatsächlich. Die Menschen sind nackt. Splitterfasernackt. Ich setze meinen Weg fort und betrachte den Strand unter mir. In Spanien, dachte ich, wäre so etwas nicht erlaubt … plötzlich löst sich unter meinem Fuß ein Stein und fällt in die Tiefe, dies versetzt mir einen ungeheuren Schrecken und im Reflex setze ich einen Schritt von der Klippe zurück. Ich war einen Moment lang abgelenkt und an diesem Wegabschnitt kann es tödlich enden, wenn man nicht genau hinschaut, wo man seinen Fuß hinsetzt. Einen Schritt weiter und ich wäre abgestürzt. So nah an der Abbruchkante und mit Blick auf den FKK-Strand ist dies der gefährlichste *Camino*.

Nachdem ich das riskanteste Stück des Weges knapp überlebt habe, wähle ich eine Variante, die mich an der Klippe weiter auf einem Trampelpfad in die Wildnis führt. Es scheint ein selten benutzter Weg zu sein, da die Spur schmal ist und das Gras beiderseits bis zu meinen Knien reicht. Vorsichtig taste ich mich vorwärts. Schlangen sind scheue Wesen, die schnell Reißaus nehmen, solange man nicht direkt auf sie tritt. Bisher hatte keine einzige meinen Weg gekreuzt, doch in diesem verwilderten Garten Eden würden sich so exotische Lebewesen wohlfühlen. Es könnte meine erste Begegnung mit einem dieser Tiere werden und zugleich meine letzte. Ich entdecke etwas, das grün zwischen den Grashalmen schimmert. Vorsichtig nähere ich mich, plötzlich zuckt es und eilt auf vier Beinen davon. Es war wohl eine Eidechse, jedoch riesig und grün-neonfarben. Vielleicht eine unentdeckte Art.

Ich wäre gerne noch weiter durch diese Wildnis gewandert, doch der Pfad führt auf eine Straße. Meine Enttäuschung ist kurz, als ich den Asphalt nach einem Kilometer wieder verlassen und meinen Weg auf einem Strand fortsetzen kann. Es zeigt sich abermals, dass es recht anstrengend ist, lange Strecken über feinkörnigen Sand barfuß zu wandern. Doch der Spaß wiegt die Mühe um ein Vielfaches auf. Zudem sind die Dünen, die sich am Strandende auftürmen, wahrhaft traumhaft. Als das Symbol der Jakobsmuschel vom Strand wegführt, bin ich froh, den goldgelben Sand verlassen zu können, da sich meine Füße mit deutlichen Ermüdungserscheinungen bemerkbar machen.

Mein Wegplan weist mich auf eine Fähre hin, die von diesem wunderbaren Sandstrand zur gegenüberliegenden Seite fährt. Würde es in diesem Ort eine Herberge geben, hätte ich mich sofort dort einquartiert und den Rest des Tages an dem phantastischen Strand verbracht. Ich wäre ein paarmal die Dünen hochgeklettert und den Sand heruntergerutscht. Mangels Pilgerherberge bleibt nur eine sinnvolle Lösung, mit der Fähre von *Somo* nach *Santander* überzusetzen. Es gäbe die Alternative, die Bucht mit einem 25 Kilometer langen Marsch zu umwandern.

Mittlerweile habe ich mich jedoch vollkommen von der Vision verabschiedet, den *Camino* als reiner Fußpilger zurückzulegen.

Nach einem kurzen Marsch durch die rein touristische Stadt *Somo* erreiche ich den Fährhafen und muss nicht lange warten, bis die Fähre einläuft. Wie am Tag zuvor ist die Fahrt äußerst preisgünstig und ich genieße die Fahrt, während das Boot aus der seichten Bucht auf das Meer hinausschippert, bis es auf der gegenüberliegenden Seite riesige Containerschiffe passiert und auf eine Anlegestelle zuhält.

Noch bin ich entspannt, doch als ich am Pier zufällig die Uhrzeit lese, regt sich wieder meine Befürchtung, dass ich keinen Platz mehr zum Schlafen bekomme. *Santander* ist nicht nur eine Großstadt, sondern dem Namen nach die größte Bank Europas und daher könnte es schwierig werden, ein geeignetes Versteck zu finden, in dem mich die *Guardia Civil* nicht entdecken würde. Nachts könnten die Polizisten mich in dem aus Sicherheitsgründen gesperrten Einzugsbereich der Bank aufgreifen und mir einen Strafzettel wegen Schlafens im Schlafverbot ausstellen. Kurz: ich habe keine Lust, als Obdachloser aufzufallen und für eine Nacht weggesperrt zu werden.

Die Pilgerherberge von *Santander* ist trotz des Plans, den ich im örtlichen Touristenbüro erhalten habe, nicht einfach zu finden. Das Straßennetz ist verwirrend und erst nach langem Umherirren sehe ich endlich das Schild. *Albergue de Pelegrinos Santos Mártires*. Die Pilgerherberge der Heiligen Märtyrer. Wie passend. Als ich im ersten Stock beim Empfang eintreffe, warten schon viele Pilger und eine ältere Dame nimmt die Registrierung vor. Es dauert eine Weile, bis ich an die Reihe komme. Hinter mir warten Koreaner. Als die *Hospitalera* meinen Namen in der Liste eingetragen hat, ist diese vollständig. Die nach mir Angekommenen müssen sich mit hängenden Köpfen die Empfehlung der Frau anhören, die Hotels in der Stadt abzuklappern.

Die Seniorin führt mich und drei weitere Pilger in ein Extrazimmer im Erdgeschoss, in dem sich vier Betten befinden. Ich wage die Frage, ob auch eine zweite Übernachtung möglich wäre, doch sie verneint vehement, da derzeit zu viele unterwegs wären. So wird nichts aus meiner Idee, am nächsten Tag zu dem Traumstrand von *Somo* zurückzukehren und einen entspannten Tag in der Sonne zu genießen.

In dieser Unterkunft ist Abendessen inklusive und zwei Köche versorgen die Pilgerfamilie mit Makkaroni und Sauce Bolognese, alternativ mit einer vegetarischen Variante. Dazu wird Salat serviert. Es gibt wahlweise Wein oder Wasser, wie es sich für Spanien gehört. Die Qualität der Mahlzeit ist wenig preisverdächtig. Vermutlich muss man bei der Beschaffung der Zutaten streng ökonomisch vorgehen. Dennoch ist es schön, den Abend in einer netten Runde zu verbringen. Einige deutsche Pilgerinnen befinden sich unter den Gästen.

»Ich bin hierher gekommen, weil es der billigste Flug war«, antwortet eine Pilgerin auf die Frage, warum sie den Weg gehen würde.

»Für den Jakobsweg hattest du dich entschieden, weil der am billigsten ist?«, frage ich verdutzt.

»Ursprünglich wollte ich eine Kreuzfahrt mit AIDA buchen«, antwortet sie grinsend. »Dafür hat mein Budget aber nicht gereicht. Daher gehe ich den *Camino*.«

Schallendes Gelächter folgt. In der weiteren Diskussion erfahre ich, dass einige Pilger im Dorf *Bareyo* übernachtet haben. Einem Ort mitten in der Pampa. Diese Herberge soll jedoch sehr romantisch gewesen sein. Doch viele aus der Runde starten ihren Weg erst in *Santander*. Dies weckt in mir die Hoffnung, dass ich auf den nächsten Etappen nicht ganz alleine unterwegs sein werde.

Luftblasen

13. August, Santander → Boo de Piélagos

Die meisten Pilger sind offenbar schon vor Tagesanbruch gestartet. In der Herberge herrscht gähnende Leere, als ich in den Sonnenaufgang hinaustrete. Da meine geplante Tagesetappe nur zehn Kilometer beträgt, entscheide ich mich für einen vormittäglichen Rundgang durch die Stadt. In *Santander* befindet sich nicht nur die Zentrale der größten Bank Europas, es ist auch die Hauptstadt der Autonomieregion *Kantabrien*. Regen setzt ein, als ich durch einen Park namens *La Magdalena* wandere. Dieser Stadtteil ist eine Halbinsel mit einem Schloss, das heute als Konferenzzentrum genutzt wird. Anbei gibt es einen Zoo mit Pinguinen und Seelöwen. Hier befindet sich ebenso ein Freilichtmuseum mit Nachbauten der Galeonen aus einer Zeit, als Spanien noch die Weltmeere beherrschte.

Die Strände an der Küste von *Santander* wirken mit ihrem roten Sand wie Tennisplätze und sind wenig eindrucksvoll, ganz anders als jene an der gegenüberliegenden Bucht. Schade. Einen Tag hätte ich dort gerne verbracht. Auf dem Rückweg zur Stadt will ich einen vielversprechenden Strand besichtigen, den *Playa Camello*. Er wurde nach einer Felsformation benannt, die einem Kamel ähneln soll. Zuerst bin ich unsicher, ob der Felsen, den ich gefunden habe, tatsächlich die gepriesene Sehenswürdigkeit wäre. Mit sehr viel Phantasie kann man einen Kopf und die Höcker erkennen und somit wäre es ein Dromedar. Vielleicht sollte ein Steinmetz ein wenig nachhelfen, damit sich der Besuch wirklich lohnt. Enttäuscht, vielleicht auch wegen des Nieselregens, der mir die Lust auf einen Tag am Strand verdirbt, begebe ich mich auf den Fernweg. Es gibt eine Abkürzung unter der Stadt hindurch, am Rand einer dicht befahrenen Straße durch einen Tunnel. Bald habe ich die belebte aber nicht allzu große Stadt *Santander* verlassen und finde mich in einer spanischen Provinzlandschaft wieder. Felder, Häuserruinen und Wildnis.

Mein nächstes Ziel ist *Santa Cruz de Bezana*. Kein Mensch ist dort unterwegs. Ich entdecke ein Gebäude im Zentrum, das sich laut einem Hinweis ›kommerzielles Zentrum‹ nennt. Die Fenster sind vernagelt und die Geschäfte darin scheinen aufgegeben worden zu sein. Es gibt nur Wohnhäuser. Ich folge dem Schild ›Pilgerherberge‹, doch auch dieses führt ins Nichts. Genauer gesagt, zu einer verlassenen Ruine, in der niemand anzutreffen ist. Offensichtlich ist *Santa Cruz de Bezana* eine Geisterstadt, in der fast niemand wohnt. Einsam setze ich meinen Weg fort. Ein Schild kündigt ein Gebiet ›Ayuntamiento de Piélagos‹ an, was auch immer das bedeuten soll. Ich wandere an Rohbauten aus Beton vorbei und sehe inmitten von Feldern terrassenartig angelegte Wohnsiedlungen, die so unvollendet sind wie zahllose andere Bauwerke in der Umgebung. Viele nagelneu, bis auf alte verfallene Bauwerke, die davon zeugen, dass niemand in diese einsame Gegend ziehen will. Vermutlich ist das Nebeneinander von alten Ruinen und neuen Ruinen das Resultat jener Immobilienblase, bei der phantastische Renditen versprochen wurden. Hätte jemand vor seiner Investition diese verlassenen Geisterstädte gesehen, hätte er sicher Abstand davon genommen. Einerseits ist das Ergebnis der geplatzten Blase faszinierend, andererseits schade um eine Landschaft, die durch Skelette aus Beton verschandelt wurde. Der nächste Ort *Boo de Piélagos* wirkt wie eine belebte Insel in der fast menschenleeren Gegend.

Ein Bahnhof befindet sich im Zentrum der Stadt und nach dem Überqueren der Gleise sehe ich schon die Unterkunft. Es ist eine private Herberge. Nagelneu. Nach meiner Ankunft führt mich die Verwalterin begeistert durch das Gebäude und zeigt mir die Küche, in der alle Kochmöglichkeiten zu finden sind, sowie den Waschraum, in der sich Wäsche im Schleudergang dreht und einen Balkon, auf dem ich Klamotten trocknen kann. Im oberen Stockwerk liegen Schlafsäle, in denen schon ein paar Pilger dösen. Ich entscheide mich für den größeren Raum mit einer Sitzecke darin.

Nachdem ich mich eingerichtet habe, begebe ich mich auf die Suche nach Einkaufsmöglichkeiten. In dem einzigen Supermarkt des Ortes besorge ich mir Knabbereien für unterwegs und frisch gebackenes Baguette. Bei der gegenüberliegenden Fleischerei werden regionale Produkte angeboten, dort wähle ich Schafskäse und die spanische Wurstspezialität *Chorizo* und kehre zur Unterkunft zurück. Während ich am Küchentisch an meinem belegten Baguette knabbere, fällt mir ein Zettel mit Zugfahrplänen auf.

Das erinnert mich an etwas. Wichtig sind die Zeiten, wenn der Zug NICHT fährt. In der Wegbeschreibung war mir aufgefallen, dass es eine Abkürzung gibt, die über eine Zugbrücke führt und wodurch man acht Kilometer sparen kann. Laut Plan ist es keine stillgelegte Strecke, bei der Überquerung sollte man äußerste Vorsicht walten lassen und daher sollte man sich vorher nach den Fahrplänen erkundigen. Es reizt mich, diese außergewöhnliche Variante in Angriff zu nehmen, noch nie im meinem Leben habe ich eine Zugbrücke überquert, die aktiv genutzt wird. Ich fiebere schon der nächsten Etappe entgegen.

Bier mit Santiago

14. August, Boo de Piélagos → Santillana del Mar

Als ich das Dorf hinter mir gelassen habe, erkenne ich die Abkürzung noch nicht. Erst als ich den Wegweisern einen Hügel hinauf folge, ist der Fluss in der Tiefe zu sehen, dessen Verlauf ich mir genau ansehe und sehe das Geländer einer Brücke. Dort könnte es sein. Ich kehre zurück und halte vor einem Gleisbett inne. Ein Zug rast heran, gibt ein ohrenbetäubendes Hupen von sich und rauscht an mir vorbei. Womöglich kennt der Zugführer die Stelle, an der wagemutige Wanderer die Brücke überqueren und wollte mich warnen, es nicht zu tun. Vielleicht hatte der eine oder andere Pilger schon an seiner Windschutzscheibe geklebt. Dieser Gedanke lässt mich zögern und ich betrachte die Brücke genauer.

Auf der linken Seite befindet sich ein schmaler Weg, auf dem ich es wagen könnte. Vorsicht ist angebracht, da ich versäumt hatte, mir in der Herberge die Fahrzeiten zu notieren. Als ich zögere, fühle ich eine Vibration in den Füßen und einen Augenblick später flitzt ein Zug in Gegenrichtung an mir vorbei. Ich sehe ihm kurz nach und wende meinen Blick wieder zur Brücke. Dörfer wie *Boo de Piélagos* werden wohl nicht im Minutentakt angefahren werden, so bietet sich ein Zeitfenster, das ich nutzen sollte. Spontan renne ich los, um die Zugbrücke schnellstmöglich zu überqueren. Der Pfad neben den Schienen ist sogar recht breit, sodass die Überquerung nicht lebensgefährlich ist. Dennoch will ich diese Aktion so schnell wie möglich durchziehen, falls doch noch ein Zug auftauchen sollte. Auf der anderen Seite verlasse ich das Gleisbett mit einem Sprung und fühle mich, als hätte ich soeben meinen ersten 8000er bezwungen. Ich habe nicht nur 8 Kilometer gespart, sondern etwas völlig Neues erlebt. Adrenalin pur. Mit dieser Aktion werde ich im Freundeskreis besonders angeben, wenn ich vom Jakobsweg erzähle. Nur wenige Meter für mich, aber ein großer Schritt … egal. Es war kein Weltraumspaziergang und ich habe keine Fußspuren auf dem Mond hinterlassen. Dennoch wird mir dieses Kurzabenteuer als ein besonderes Highlight des *Camino del Norte* in Erinnerung bleiben.

Ein gelber Pfeil bestätigt mir, dass hier tatsächlich der Pilgerweg verläuft. Über einen Trampelpfad verlasse ich das Gleisgebiet und durchquere das Bahnhofsgebäude. Mogro nennt sich dieser Ort.

Bei wolkenverhangenem Himmel herrscht am Vormittag ideales Wanderwetter. Der Weg führt durch eine Dorfidylle, anfangs mit Sicht aufs Meer, später auf eine Seenlandschaft. Es folgt ein langweiliger Pfad parallel zu einer Pipeline, der wie mit dem Lineal gezogen ist und es setzt Nieselregen ein. Als ich die Brücke über einen Güterbahnhof hinter mir gelassen habe, holt mich ein Spanier ein.

»Morgen ist Nationalfeiertag in Spanien«, warnt er mich, während wir nebeneinander marschieren. »Die Geschäfte sind an dem Tag geschlossen und alle am Feiern. Wenn du etwas besorgen willst, solltest du es heute noch tun.«

»Was wird an diesem Tag gefeiert?«, frage ich.

»Fiesta de la Asunción«, erklärt er. Der Name erinnert mich an die Reliefs der uralten Kirche in *Laredo* und Szenen von wild kopulierenden und Sodomie praktizierenden Menschen. Mariä Himmelfahrt ist der Feiertag gewidmet. Wie wild Spanier feiern können, habe ich schon erlebt und bin gespannt, was ich morgen zu sehen bekomme.

Bisher war die Unterhaltung schwierig, doch jetzt wird sie unmöglich. Der Weg verläuft an einer dicht befahrenen Straße, ohrenbetäubender Lärm von Schwerlasttransportern übertönt unsere Konversation. Am Weg recken sich Kühltürme in die Höhe. So schön die Wanderung vormittags war, so unattraktiv ist sie an dem Industriekomplex der Chemiefabrik *Solvay*. Nachdem ich einen Fluss überquert habe, kann ich endlich den Lärm hinter mir lassen. Der Spanier war in schnellerem Tempo unterwegs und ist schon weit voraus, als ich einen Hinweis auf eine Sehenswürdigkeit entdecke. Die Höhlen von Altamira.

Der Name kommt mir bekannt vor. Dieser erinnert mich an den sagenhaften Fund der ältesten steinzeitlichen Höhlenmalereien Europas. Aber ich hatte erfahren, dass diese Höhle nicht mehr zugänglich wäre, denn der Wasserdampf, den neugierige Touristen ausatmen, würde die Meisterwerke der Steinzeit auflösen und zigtausend Jahre alte Kunstwerke in einem Atemzug unwiderruflich zerstören. Eine Besichtigung ist ausgeschlossen. Vielleicht gibt es irgendwo am Wegrand eine andere mit Steinzeitkunst bemalte Höhle, die ich entdecken könnte.

Eine gepflasterte Straße führt nach *Santillana del Mar*. Die Stadt wirkt, als hätte sich seit dem frühen Mittelalter hier kaum etwas verändert. Damals gab es zwar nicht Hunderte von Touristen, die durch die Stadt streifen und unzählige Shops und Restaurants besuchen, aber die uralten Bauwerke sind äußerst beeindruckend und das Ganze wirkt wie ein Freilichtmuseum. Bei meinem Rundgang mit dem Panorama aus mittelalterlichen Fassaden und Türmen reise ich mental einige Jahrhunderte in die Vergangenheit. Besonders beeindruckend ist die romanische Kirche, die ich auch von innen besichtigen will. Gewidmet ist sie der Heiligen Juliana, einer Märtyrerin aus der Zeit des römischen Kaisers Diokletian, die der Legende nach wegen ihres Bekenntnisses zum Christentum gefoltert und enthauptet wurde.

Der älteste Teil ist eine Kapelle, die aus dem 9. Jahrhundert stammt. In den späteren Jahrhunderten wurde das Gebäude zunehmend erweitert. Das wahre Wunder finde ich in einem von Säulen gestützten Innenhof der Klosteranlage. Die künstlerischen Darstellungen auf den Kapitellen sind etwas auf der Welt einmaliges, zumindest habe ich solche aus Sandstein geschnitzten Reliefs wie in diesem Kreuzgang noch nie gesehen. Jedes Kapitell stellt eine Szene dar, die wohl eine Bibelgeschichte erzählt. Einige der gravierten Reliefs sind dagegen sehr abstrakt und in expressionistischem Stil, falls man Kunstwerke aus dem 12. Jahrhundert so bezeichnen darf. Im Hauptgebäude betrachte ich das Kirchengewölbe mit den verwitterten Steinschnitzereien, über die man als Gebildeter in Religionsgeschichte sicher einiges erzählen könnte.

Nachdem ich die sakrale Halle verlassen habe, hätte mir das kulturelle Programm für heute schon genügt. Doch auf dem Weg zur Herberge entdecke ich hinter einer Mauer etwas, das mich in Bann zieht. Ein Eisenkäfig mit einem Skelett, das in der Luft baumelt. Beim neugierigen Blick durch den Torbogen sehe ich ein Podest mit einem Scharfrichter in schwarzer Kutte und ein Beil, das in einem Hackklotz steckt. *Museo de la Tortura* nennt sich diese Einrichtung. Ein Foltermuseum. Dafür muss ich mir einfach noch Zeit nehmen. Es gibt sogar, anders als bei der Kirche, einen verbilligten Eintritt für Pilger.

Hier wurde komplett alles nachgebaut, was das Mittelalter an Grausamkeiten zu bieten hatte. Von der Streckbank über die eiserne Jungfrau bis zum Zungenpiercing, das deutlich unangenehmer aussieht, als das, was die Leute heute als Modeschmuck tragen. Kieferbrecher, kreative chirurgische Instrumente und mit Stacheln bewerte Eisenmasken, bei denen ich nicht so genau wissen will, wie man die trägt. Beim Keuschheitsgürtel lerne ich etwas dazu. Der Zweck dieser unbequemen Unterbekleidung war nicht, wie häufig behauptet, Jungfrauen vor unkeuschen Gelüsten zu schützen, sondern um sie vor Übergriffen durch Söldner zu bewahren. Dies ergibt Sinn, als ich bei dem Modell die nach außen weisenden Metallzinken sehe. Diese werden ihre Wirkung kaum verfehlt haben. Zum Schluss des Rundgangs werden moderne Varianten dargestellt, unter anderem das angeblich humane Waterboarding oder die Verabreichung von Elektroschocks. Foltertechniken, die durch den Einsatz der US-Armee im Irak bekannt geworden sind. Beim Weg zum Ausgang denke ich mit Erleichterung, wie gut, dass bis auf wenige Ausnahmen diese Grausamkeiten heutzutage verboten sind. Da fällt mir ein Schaukasten ins Auge, in dem sich die Genfer Konvention befindet. Ein Text darunter besagt: alles, was in diesem Museum zu sehen ist, wird heutzutage noch verwendet. In China, Saudi-Arabien, den Diktaturen des Nahen Ostens genauso wie in Afrika. Selbst die Geheimdienste Nordamerikas und Europas würden heutzutage nicht auf bewährte Folterinstrumente verzichten und Folter würde heutzutage sogar häufiger eingesetzt als einst in den Dunklen Jahrhunderten. So genau wollte ich das gar nicht wissen. Mit Gänsehaut und flauem Magen verlasse ich das Museum.

Ein Schild weist durch einen Torbogen zur Herberge, die um 16 Uhr öffnet. Ich gehe um das Gebäude herum und es ist, wie erwartet, noch verschlossen. Zwei einsame Pilger sitzen auf einer Steinbank im Garten. Ich bin früh dran und der große Pilgeransturm ist offensichtlich bisher ausgeblieben. Bis die Herberge ihre Pforten öffnet, werde ich die verbleibenden zwei Stunden mit den zwei anderen Pilgern warten. Diese sind Spanier und eine äußerst interessante Spezies. Während der eine mit einer Brille im Stil der 70'er Jahre ständig aufspringt, umhergeht und sich wieder setzt, komme ich mit dem anderen ins Gespräch. Mit den langen Haaren und zahllosen Tätowierungen wirkt er recht verlebt. Wie er in kurzen, hastigen Sätzen spricht, ist er zwar schwierig zu verstehen, doch für mich die typische Art Leidensgenosse mit Humor, dessen Gesellschaft besonders kurzweilig ist. Er hat den Rucksack voller Bier, von dem er mir sogleich eines anbietet. Einige Zeit sitzen wir plaudernd da, zwischendurch wechselt er mit seinem Mitpilger ein paar Worte, der jedoch immer kurz angebunden ist und nervös auf dem Gelände auf- und abgeht.

»Ich bin Santiago«, sagt der Langhaarige. Ich entgegne, welch ein Zufall, dem Heiligen einmal persönlich zu begegnen. »So heiße ich wirklich!«, insistiert er, zieht seinen Personalausweis hervor und bestätigt seine Aussage. Ich hätte ihm auch so geglaubt, denn in Spanien ist dies ein häufiger Name. Santiago ist ein echtes Original. Er ist hektisch wie ein Kind, das beim Zahnarzt auf seine erste Wurzelbehandlung wartet. Anderseits stellt er mit seiner langen Mähne einen typischen Rocker dar. Ein sehr freundlicher Mensch. Während wir in der Sonne sitzen und die Wartezeit mit angeregter Unterhaltung und Bier verbringen, vergeht die Zeit. Wir bleiben die einzigen Pilger.

Ein schwarz gekleideter Mann tritt durch das Portal und geht auf uns zu.

»Die Herberge befindet sich im hinteren Teil«, ruft er uns zu. »Warum wartet ihr hier? Kommt mit!« Er eilt voraus, an dem Gebäude vorbei und führt uns durch einen Torbogen. Auf dem Grundstück dahinter sehen wir eine Meute von Pilgern mit Rucksäcken.

»Wir haben an der falschen Stelle gewartet«, brummt Santiago vorwurfsvoll beim Blick auf die Menschenmenge.

»Ich dachte, die Pilgerherberge wäre das andere Gebäude«, entschuldige ich mich. Wir haben zwei Stunden umsonst gewartet. Der Pater beginnt, die Pilger zu zählen. Am Ende bleiben wir übrig. Der Schwarzgekleidete führt einen Dialog mit meinen Begleitern in Spanisch, von dem ich kaum etwas verstehe.

»Es gibt einen Campingplatz außerhalb von *Santillana*«, erklärt Santiago mir kurz. »Dort gibt es weitere Schlafplätze.«

Ich betrachte die Schlange vor der Pilgerherberge und folge nach kurzem Zögern den Beiden, nachdem ich mich versichert habe, dass es eindeutig zu viele sind. Wir wandern zur Stadt hinaus und die Landstraße entlang, bis wir ein Areal mit Zelten und Wohnwagen erreichen. Beim Empfangsgebäude geht Santiago voraus und spricht den Mann so hektisch an, als wäre er auf Speed. Ich befürchte, dass wir abgewiesen werden, da wir nicht gerade vertrauenswürdig auftreten. Der Angestellte hört sich jedoch geduldig den nervösen Vortrag an, zieht eine Liste hervor, in die er uns einträgt und stempelt unsere Pilgerausweise.

Die Pilgerunterkünfte sind eine Ansammlung kleiner Hütten auf dem höchsten Punkt des Geländes. Sehr Idyllisch. In jedem Häuschen befinden sich zwei Schlafzimmer, deren Ausstattung drei übereinander-liegende Holzbetten sind und es gibt einen kleinen Waschraum. Wenig Bewegungsfreiheit, sehr spartanisch. Nachdem ich geduscht habe, erscheinen Santiago und sein Kollege mit Dosenbier. Sie mokieren sich, dass die Getränke im Shop des Campingplatzes überteuert sind.

Ich kehre daher in die Stadt zurück, um mich nach einem Supermarkt umzusehen und als ich den Markt am anderen Ende der Siedlung entdecke und feststelle, dass Bier dort nur ein Drittel so viel kostet, wie auf dem Campingplatz, schlage ich zu. Mit einem Secherpack kehre ich zurück und präsentiere es mit stolz den Anderen. Santiago greift danach und schüttelt den Kopf. »Es ist nicht kalt. Ein Spanier trinkt kein warmes Bier. Ich suche einen Platz zum Kühlen.« Bevor ich reagieren kann, eilt er schon mit dem Sechserpack fort. Als er wieder erscheint, frage ich, wo er es hingebracht hätte. »Komm mit«, fordert er mich auf, führt mich in den Shop des Campingplatzes und zu einem Eisfach. Er hebt Beutel mit Pommes Frites an, darunter ist mein Sechserpack zu sehen. »Perfekt zum Kühlen. Ein tolles Versteck! Es fällt niemandem auf.«

Die Frau an der Kasse beobachtet unsere Aktion mit Missfallen. Ich lobe den Spanier kurz für seine geistreiche Aktion und hoffe, dass wir keinen Ärger bekommen. Die Verkäuferin hält sich aber höflich zurück, als wir den Shop wieder verlassen. Ich hoffe Santiago holt das Sechser-pack alleine heraus, wenn es kalt genug ist. Mir wäre es zu peinlich, nochmal hier aufzutauchen.

Später sitzen wir beim Bier und plaudern. Genaugenommen höre die meiste Zeit zu, da ich bei den hektischen Worten kaum etwas verstehe. Der nervöse Kollege von Santiago drückt mir eine Zigarette in die Hand, zwei Stück Papier und etwas, das aussieht wie eine Kaktusblüte. Die Geste ist klar verständlich. Leider weiß er nicht, dass ich noch nie einen Joint zusammengebaut habe. So versuche ich mein Bestes, pflücke die Zigarette auseinander und mische die Blüte in den Tabak. Mit dem

Papier gelingt es mir, etwas daraus herzustellen, das einem Joint ähnlich sieht.

»Das machen wir eigentlich ganz anders. Wir bauen auch den Filter ein.« Enttäuscht betrachtet er mein Kunstwerk durch seine Brillengläser. In der Zwischenzeit haben sich zwei andere dazugesellt. Ein weiterer Spanier und eine Italienerin. Es ist sehr lustig mit der bunten Truppe, aber weiterhin schwierig, der Konversation in Spanisch zu folgen. Zumindest das eine oder andere bekomme ich mit. Der Plan von Pilger Santiago ist, binnen einer Woche Santiago de Compostela zu erreichen. Ein irres Vorhaben, er müsste täglich zwischen fünfzig und sechzig Kilometer zurücklegen. Auf dem *Camino del Norte* muss man unzählige Meter Höhendifferenzen überwinden, daher bin ich vollends zufrieden, wenn ich Tagesetappen von 25 bis 30 Kilometern schaffe.

Im Gefängnis

Als ich um 9 Uhr aufstehe, herrscht gähnende Leere in der Hütte. Santiago hatte es wohl ernst gemeint, dass er die gleichnamige Stadt im Marathonlauf erreichen will. Alle bis auf mich sind offenbar längst unterwegs. Da man jedoch, anders als in Pilgerherbergen, diese Räumlichkeiten nicht in aller Frühe verlassen muss, habe ich mir etwas mehr Schlaf gegönnt.

Wie häufig in der Region *Kantabrien* führt der Weg einmal an der Küste entlang, das andere Mal durchs Gebirge. Unterwegs hole ich eine einsame Pilgerin ein und komme mit ihr ins Gespräch. Sie kommt aus dem Elsass, ihre Eltern stammen aus beiden angrenzenden Ländern und somit hat sie das Privileg, zweisprachig aufgewachsen zu sein. Ich versuche erst gar nicht, meine Französischkenntnisse anzuwenden und wir unterhalten uns in Deutsch. Ich erfahre, dass Estella ein Camino-All-inclusive-Paket gebucht hat. Sie übernachtet in Hotels, die man im Voraus für sie gebucht hat und ihr Hauptgepäck wird täglich vom Startpunkt zum Ziel der Etappe transportiert. Daher ist ihr Rucksack auffällig klein. Darin befindet sich also nur das Nötigste, was man tagsüber braucht. Als wir durch ein Waldstück wandern, treffen wir den Spanier mit der Brille, der gerade einen Joint raucht.

»Hier ist die einzige Stelle, die Schatten bietet«, sagt er, als wir an ihm vorbeigehen. Er zwinkert nervös und fuchtelt mit den Armen. Jetzt mit ihm zu kiffen, wäre mir peinlich, da die Elsässerin den Eindruck erweckt, aus einem guten Elternhaus zu stammen und vermutlich mit Drogen nichts zu tun haben will. So verabschiede ich mich von dem Spanier mit der Entschuldigung, dass es für eine Rast zu früh wäre.

Cobreces ist eine der malerischsten Städte in dieser Umgebung. Majestätisch thronen Kirche und Kloster über der Siedlung.

Nach beständigem Auf und Ab erreichen wir zur Mittagszeit *La Iglesia*. Es scheint ein Fest stattzufinden. Die Hauptstraße ist überfüllt mit Menschen jeden Alters, die Feiertagskleidung tragen. Zahlreiche Stände bieten Kunsthandwerk, Schmuck, Malereien und Geschirr aus gebranntem Ton. Da erinnere ich mich, was ich am Vortag erfahren habe.

»Heute ist der spanische Nationalfeiertag«, erkläre ich.

»Was wird denn gefeiert?«, fragt Estella neugierig.

»Wahrscheinlich die Unabhängigkeit Spaniens«, erwidere ich spontan. Da fällt mir ein, es war doch etwas Anderes. Der Unabhängigkeitstag wird in den Vereinigten Staaten oder in Malta gefeiert. Vielleicht auch in Frankreich. »Irgendein religiöses Fest«, korrigiere ich.

Als wir weitergehen, fällt uns auf, wie kunstfertig manche Einwohner sind. In einem Innenhof sind Mauern bemalt mit Ansichten des Ortes aus verschiedenen Perspektiven. Die Kirche steht dabei immer im Mittelpunkt. Als wir einige Zeit später die Stadt verlassen haben, treffen wir wieder den nervösen Pilger mit der Brille. Während ich mich mit ihm unterhalte, verabschiedet sich Estella mit den knappen Worten, sie müsse ihr Hotel suchen. Einen Kilometer später liest der Spanier das Ortsschild und lacht laut.

»Concha! Wie kann man einen Ort so nennen?«

Was daran komisch sein soll, vermag ich erst nicht zu erkennen. In Deutsch wäre es ›Muschel‹ und passend zum Jakobsweg, da allerorts das Symbol zu sehen ist. Auf meinen ratlosen Blick nennt er das Wort in Englisch. Die deutsche Übersetzung ist ›Muschi‹.

In der Ferne ist schon das Rauschen des Meeres zu hören. Der Weg führt an einem Campingplatz vorbei nach *Comillas*. Die Pilgerherberge der Stadt ist ein mittelalterliches Gebäude namens ›La Pena‹. Mein Wörterbuch übersetzt dies mit ›Schmerz, Strafe‹ und eine Tafel informiert über die Geschichte dieses Bauwerks. Es wurde als ›Cárcel‹ erbaut und ist demnach ein ehemaliges Gefängnis. Dem Namen nach wurde hier einst Folter angewendet. Welch ein Glück, dass die düsteren Zeiten vorbei sind und die spanische Inquisition nicht mehr auf der Jagd nach Ungläubigen ist.

Heutzutage werden noch alle Folterinstrumente von damals eingesetzt und wesentlich Schlimmere, meldet sich eine finstere Stimme in meinem Kopf, als ich das Gefängnis der Schmerzen betrete. Die Düsternis verfliegt, als mich die *Hospitalera* am Empfangstisch anlächelt.

»Du kommst gerade noch rechtzeitig.« Sie lacht und trägt mich in eine Liste ein. »Du bekommst den letzten Schlafplatz. Ab jetzt gibt es nur noch Notplätze.«

»Wie würden die alternativen Schlafmöglichkeiten denn aussehen?«, frage ich neugierig. Vielleicht werden Pilger, die zu spät kommen, in einem dunklen Verlies angekettet.

»Das hier wäre der Notschlafplatz«, sagt sie nach kurzer Überlegung, weist zum Sofa des Empfangszimmers und grinst. Ganz so schlecht wäre dies nicht, denn der Raum ist gleichzeitig der Gemeinschaftsraum mit Kochecke. Wie ich später feststelle, ist es das einzige Zimmer mit einer freien Steckdose zum Laden meines Smartphones. Dennoch bevorzuge ich den Platz im Schlafraum und will lieber in Gesellschaft anderer Pilger sein, statt alleine auf dem Sofa zu übernachten.

Danach durchstreife ich den Ort, der von Touristen überlaufen ist und betrachte in Cafés die Preise, die für hiesige Verhältnisse hoch sind. Ich kann kaum nachvollziehen, dass dieser Ort von touristischem Interesse ist, auch wenn es alte Gebäude gibt. Es fehlen herausragende Sehenswürdigkeiten und auch der Strand ist mittelmäßig.

Das einzige Außergewöhnliche ist ein Friedhof, der sich auf einem Hügel befindet und von weitem zu sehen ist. Ein offensichtlich berühmter Künstler hatte aus den Ruinen einer ehemaligen Kirche diesen Friedhof erschaffen, auf dessen Eingangsportal ein lebensgroßer Engel thront. ›El Ángel Exterminador‹ nennt sich diese Skulptur. Der Engel der Vernichtung. Er hält ein Schwert in seiner Rechten und blickt die Besucher feindselig an. Dieser Ort scheint ein wahres Highlight zu sein, da einige Fremdenführer Gruppen durch die Grabstätten leiten. Manche Gräber bilden das halbe Himmelreich nach. Skulpturen monumentaler Engel und künstlerisch gestaltete Kreuze schmücken mächtige Sarkophage. Möglicherweise muss man sein ganzes Leben lang sparen, vielleicht sogar hungern, um unter den Augen der geflügelten Terminator-Skulptur in der Erde verscharrt zu werden. Bizarr. Posthum wäre es mir eigentlich egal, was mit mir passiert.

Abends suche ich das einzige Restaurant auf, das ein Pilgermenü anbietet. Nur eine Hauptspeise würde es enthalten und ein Glas Wein, erklärt mir der Kellner mit verlegenem Gesichtsausdruck. Zudem müsse er vorher die anderen Gäste bedienen und hätte danach erst Zeit für einen Pilger wie mich.

Nach anfänglicher Skepsis werde ich positiv überrascht. Das Hauptgericht ist eine Meeresfrüchte-Paella mit reichlich Miesmuscheln, Garnelen und Krabben. Dazu gibt es frischgebackenes Brot. Dafür verzichte ich gerne auf die Vor- und Nachspeise. Dieses Nationalgericht ist noch leckerer als die Tortilla, auf die ich mich jeden Tag aufs Neue freue.

Mit angenehm gefülltem Magen kehre ich zurück zur Herberge. Auf dem Rasen davor haben sich Pilger versammelt und ich geselle mich hinzu. Es sind viele, die abgewiesen wurden, da die Unterkunft voll belegt ist. Einer von ihnen raucht einen Joint und führt ein Selbstgespräch.

»Das Zeug ist richtig gut. Ich fühle mich, als ob ich schwebe«, sagt er in einem ungewöhnlich melodischen Spanisch. Mir war bekannt, dass Haschisch bei manchen Leuten extrem wirkt und bei anderen minimal. Fast beneide ich ihn, da bei mir dieser Effekt nahezu ausbleibt. Vielleicht ist es auch besser so, weil es mir erspart, von dieser Droge abhängig zu werden.

»Wo wirst du übernachten?«, erkundigt sich einer aus der Gruppe.

»Ich werde mich auf den Strand legen.« Obwohl er in Spanisch redet, höre ich einen interessanten Akzent heraus. Er hört sich an wie Paolo, der aus Triest in Norditalien stammt und mit dem ich im vorletzten Sommer unterwegs war.

»Wo kommst du her?«, frage ich daher neugierig.

»Aus Mailand.« Das bestätigt meine Vermutung. Scheinbar hören sich alle Norditaliener so merkwürdig an. Wie ein Wiener, der Spanisch spricht. Die langsame, melodische Sprache mit langgezogenen Vokalen ist auffällig und wohl ein Resultat aus den Zeiten der Habsburger, als Österreich noch Zugang zum Mittelmeer besaß und weite Regionen Norditaliens zum Kaiserreich gehörten. Darunter Mailand und Triest.

Zwei weitere Pilger tauchen bei einsetzender Dämmerung auf.

»Wir haben eine ideale Stelle zum Übernachten gefunden. Vor einer Schule gibt es einen überdachten Platz«, verkündet einer von ihnen. Es sind noch weitere erschienen, die keinen Platz mehr in der Pilgerherberge bekommen haben. »Es sieht so aus, als würde es bald anfangen zu regnen.«

»Gibt das nicht Ärger, wenn uns die Polizei dort sieht?«, fragt der Mailänder skeptisch.

»Mit Sicherheit nicht. Solange wir uns erst in der Abenddämmerung dort hinlegen und vor Tagesanbruch aufstehen, stört das hier niemand.« Er lächelt breit. »Kein Problem. Damit habe ich Erfahrung.«

Mittlerweile ist es dunkel und sie brechen auf, um sich zu ihrem Schlafplatz zu begeben. Auf dem Jakobsweg ist man wohl sehr tolerant, was die Übernachtung im Freien angeht. Es kommt im Sommer sicher häufig vor, dass Pilger auf öffentlichen Plätzen oder in Parks übernachten. Dennoch bin ich froh, ein Bett im Warmen zu haben.

Asturien

Asturia

Pilgerglück

Der Anbruch des neuen Tages bringt Nieselregen und Düsternis. Ich denke an die Pilger, die unter freiem Himmel übernachtet haben, die trotz der eventuellen Überdachung sicher keine angenehme Nacht hatten. Bei nasskaltem Küstenwind erreiche ich die Stadtgrenze und sehe ein Schloss, das imposant auf einem Berg am Ende von *Comillas* thront. Es ist eine von Jesuiten geführte private Universität, die von Papst Leo XIII gegründet wurde. Bei Kälte und Regen habe ich jedoch keine Lust, dort hinaufzusteigen und das Bauwerk aus der Nähe anzuschauen.

Nachdem ich den ersten Anstieg bewältigt habe, eröffnet sich mir ein Blick über eine Bucht, in der das Wasser grünlich schimmert. Algenteppiche schwimmen auf der Oberfläche, es ist ein brackiges und nicht sehr tiefes Gewässer. Eine lange Steinbrücke erspart mir den weiten Weg um die Bucht herum. Das gigantische, 600 m lange Bauwerk mit 28 Bögen stammt aus dem 16. Jahrhundert und konnte sicher nur Dank der geringen Wassertiefe und fehlender Strömung errichtet werden. Der Himmel bleibt trüb und ich wandere unter regenschweren Wolken, die mich von einer genaueren Besichtigung der mittelalterlichen Stadt *San Vincente de la Barquera* abhalten.

Später bei meinem Weg durch eine hügelige Naturidylle gelingt es einzelnen Sonnenstrahlen, diese dichte Wolkendecke zu durchdringen. Ein Regenbogen spannt sich über das Grünland und die Düsternis zieht sich zurück. Es entwickelt sich ideales Wanderwetter. Bewölkt, ohne Niederschlag.

Als ich durch Wälder abseits der Zivilisation wandere, tauchen vor mir Burgmauern und ein Turm auf, den ein Gerüst umspannt. Offensichtlich ist es eine archäologische Sehenswürdigkeit, mitten in der Pampa. Ein verwittertes Schild besagt, der Turm wäre im 12. Jahrhundert errichtet worden. Meine Neugier fordert mich auf, das von einem Mauerring umfasste Gelände zu untersuchen und den quadratischen Turm zu besteigen. Ich sehe mich in der Festung um. Innerhalb der Mauern befindet sich ein kleines Haus, in dem früher vermutlich Soldaten

wohnten, um das wenige Quadratmeter messende Gelände zu vertei-
digen. In diesem Haus befindet sich jetzt ein Büro mit einem
Schreibtisch, auf dem ein Gästebuch und ein Stempel liegen. Genau das,
was ein Pilger braucht. Mangels Personal bediene ich mich selbst und
ergänze einen weiteren *Sello* in meinem Pilgerausweis. Mich wundert,
dass hier eine unbeaufsichtigte Box mit Geldscheinen steht, bei der sich
jeder, der hereinkommt, bedienen könnte. Ich könnte aber wenig damit
anfangen, da sich darin ausschließlich Dollarnoten befinden und dieser
Stempel ist für mich das Wertvollste. Jetzt bin ich gespannt, ob man den
Turm trotz des Baustellenambientes auch besteigen kann. Tatsächlich,
man kann hineingehen und ich entdecke Schautafeln, die über die
Geschichte des Gebäudes erzählen. Zur mittelalterlichen Historie
erfahre ich kaum etwas und steige die Treppen hinauf. Im Stockwerk
darüber befinden sich weitere Schautafeln, die über die Zeit des spanischen Bürgerkrieges berichten. Im Turm haben sich nach deren
Informationen die letzten Rebellen verschanzt, die der Franco-Diktatur
trotzten. Auf einer Landkarte sind Frontlinien eingezeichnet, die
Auskunft über die damaligen Machtkämpfe geben. Im Jahr
1937 konnten die Widerständler dem Regime einige Gebiete abringen,
doch der Geschichtsverlauf endet im Jahr 1939, als die letzten als befreit
gekennzeichneten Punkte auf der Landkarte verschwinden. Als ich mich
umsehe, stoße ich im zweiten Raum auf eine Führung, die soeben
beendet wurde. Hier ist der Weg auch zu Ende. Leider kann man weder
zur Spitze des Turms hinaufsteigen, noch durch Fenster hinausschauen.
Ich kehre zurück zum Ausgang. Ein Spanier, der gerade die anderen
Gäste verabschiedet hat, wendet sich mir zu, erkennt mich als Pilger
und verkündet, er könne mir einen Stempel für meinen Pilgerausweis
geben. Ich bedanke mich freundlich und halte ihm meinen Ausweis vor
die Nase, um zu beweisen, dass ich mich schon selbst bedient habe. Als
ich mich zum Gehen wende, hält er mir freundlich seine offene Hand-
fläche entgegen. Ich ergreife sie und verabschiede mich.

»Vielen Dank!«, sagt er beim Händeschütteln, deutet eine Verbeugung
an und wiederholt: »Vielen, vielen Dank!«

Als ich das Gelände verlasse, wundere ich mich über sein komisches
Verhalten. Ich frage mich, was er eigentlich wollte. Da dämmert es mir:
so, wie er mir die Hand gereicht hatte, wollte er sich nicht verab-

schieden, sondern Trinkgeld. Für einen Stempel, um den ich mich sowieso selbst gekümmert habe.

Die vor mir liegende Landschaft wirkt wie ein ideales Versteck für Rebellentruppen. Der Pfad führt in einer Hügellandschaft kreuz und quer durch die Wildnis. Dichte Brombeerranken versuchen, den freien Weg zurückzuerobern.

Es folgt ein Tunnel, danach führt der Weg parallel zu einer Zugstrecke. Ich warte kurz, lasse einen Regionalzug vorbeirauschen und überquere die Gleise. Hier beginnt eine größere Stadt. Anders als in den beschaulichen Orten zuvor gibt es Industriegelände, Bürobauten und wild aus dem Boden gestampfte Wohnsiedlungen. Auf der Schnellstraße neben mir rauscht dichter Verkehr. Mit diesem geschäftigen Ort *Unquera* habe ich soeben *Kantabrien* verlassen und befinde mich nun in Asturien. Ich hoffe, dass dieser Moloch nicht typisch für einen asturischen Küstenort ist.

Auf dem Jakobsweg hatte ich die Ruhe im Gebirge, mittelalterliche Städte und wundervolle Strände lieben gelernt. Das Blöken von Schafen, Muhen von Kühen und die fernen Laute von Greifvögeln, die in der Höhe kreisen und unverständliche Rufe ausstoßen, die Symphonie der Natur. Jetzt höre ich Straßenlärm, Motorengeräusch und Hupen, die Komposition der Zivilisation.

Bei einem Chinesen, der Snacks anbietet, lege ich eine Rast ein. Es ist ein für dieses Land typisches chinesisches Geschäft und verkauft wird wirklich alles. Klamotten, Küchenutensilien, Elektrogeräte, Spielzeug, Ausrüstung für den Strand. Primär Billigkram. Zum Glück sind die Leute aus Fernost sehr anpassungsfähig und so bekomme ich zu einer Cola auch meine geliebte Tortilla. Zubereiten können Spanier sie jedoch besser, muss ich feststellen.

In der Stadt fällt mir vor einem kleinen Laden ein Angebot für *Sidra* ins Auge. Ich hatte von dieser typisch asturischen Spezialität gehört und nehme eine Flasche des Getränks mit, die ich am Abend verkosten werde.

Nach einem Aufstieg sehe ich schon die Herberge vor mir, die ich als Ziel vorgesehen habe und frage mich, wo all die Pilger geblieben sind. Als ich schon befürchte, dass auf dieser Etappe niemand unterwegs ist und mich bestätigt fühle, dass die Mehrheit auf dem *Camino del Norte* nur Touristen sind, die sich vermutlich gerade die Sonne auf den Bauch scheinen lassen, treffe ich endlich drei Rucksackträger. Sie verlassen das Gebäude gerade und unterhalten sich in Deutsch. Ich höre, wie sie darüber diskutieren, dass diese Unterkunft viel zu teuer und dafür zu ungemütlich sei, dass es nur Platz auf einem Matratzenlager auf dem Boden gäbe und zwar zum regulären Übernachtungspreis. Spontan entscheide ich mich gegen diese Herberge und setze meinen Weg fort. Ich komme ins Gespräch mit den dreien und erfahre, dass sie aus Leipzig stammen. Ein blonder Pilger mit Bartansatz, der von Natur aus gut gelaunt zu sein scheint mit zwei Begleiterinnen. Eine ist brünett, die zweite zierlich und nach ihrem Äußeren hätte ich sie erst für eine Italienerin gehalten.

Nach meinem Plan müsste sich in unmittelbarer Nähe auch ein Campingplatz am Meer befinden, an dem man als Pilger unterkommen könnte. Daher fiel es mir leicht, an der vorigen Herberge vorbeizugehen. Ein Schild, das dorthin weist, trägt jedoch in großen Buchstaben einen Hinweis: *Camping completo!*

Der Pilger aus Leipzig entschließt sich spontan, in der nächsten Stadt *La Franca* Informationen zu Alternativunterkünften einzuholen. Nach einer Weile tritt er heraus und berichtet: Aufgrund des verlängerten Wochenendes zum nationalen Feiertag wären alle Plätze besetzt. Die freien Tage verbringt halb Spanien am Meer.

»Was ist mit Herbergen?«, fragen seine Begleiterinnen.

»Die konnten mir nicht helfen.« Er zuckt mit den Schultern und zieht seinen Pilgerführer heraus. »Darin steht auch nichts. Wir müssen weitersuchen.«

Das war wohl nichts. Wir setzen unseren Weg fort. Auch meine Liste mit Unterkünften ist nicht von Nutzen. Die nächste Herberge, die dort aufgeführt wird, liegt 25 Kilometer entfernt.

Seit Anbruch des Nachmittags hat sich das Wetter abrupt gewandelt. Bei der Windstille und gefühlten 38 Grad wird man jetzt fast gegrillt. Möglicherweise hat dieser Sonnenschein unter den Pilgern aus Leipzig das Wetter mitgebracht. Jetzt wäre es am Strand ideal. Die Sonne bringt uns zum Schwitzen.

Kurz vor dem Ende von *La Franca* sehen wir ein gemaltes Schild, das besagt, man solle rechts abbiegen und träfe 50 Meter weiter einen Freund der Pilger.

Wir folgen dem Hinweis und sehen uns um. Ein Garten wurde mit Sitzbänken einladend hergerichtet, auf denen wir erschöpft Platz nehmen. Die Temperatur ist derart angestiegen, dass einem die Lust auf Wandern vergeht. Der regnerische Morgen wirkt wie ein Traum aus langer Vergangenheit. Unsere Anwesenheit wird bemerkt, jemand tritt aus dem Haus und lächelt uns an. Er bietet Äpfel an und sagt, er könne uns mit frischem Wasser versorgen. In einem Zug trinke ich meinen verbliebenen Rest an Wasser leer, der heiß wie Tee ist, nur keinen Geschmack hat, und gebe ihm die Flasche zum Füllen.

Als er zurückkommt, hält er ein Mobiltelefon in der Hand und bietet an, einen Platz in der nächsten Herberge für uns zu reservieren. Die soll weniger als 5 Kilometer entfernt sein und wäre eine private Unterkunft, die erst vor einem Jahr eröffnet wurde. Daher ist sie auch nicht in meiner Liste aufgeführt. Manchmal hat man auf dem *Camino* einfach Glück.

»Alles ist geklärt, ich habe für euch reserviert!« Lächelnd steckt der Mann sein Handy ein. »Ihr könnt euch Zeit lassen. Ihr dürft euch, so lange wie ihr wollt, in meinem Garten ausruhen.«

Er ist wirklich ein wahrer Pilgerfreund. Als er uns zu einem Tisch bittet, kann ich einen Blick in sein Haus werfen. Meterhoch sind darin Getränkepacks gestapelt, die man aus Discountern kennt. Auf einem Schild am Eingang lese ich den Namen »SPAR«. Ist es ein ehemaliger Supermarkt? Verkauft er auch Getränke? In dem Fall hatte er die Chance verpasst, uns auf seine Angebote aufmerksam zu machen.

Da wir Dank des reservierten Schlafplatzes nun alle Zeit der Welt haben, setzen wir unseren Weg gemütlich fort. Wenn wir aus Zeit-gründen nicht die schnellste Strecke nehmen müssten - hatte der Pilger-freund uns auf den Weg gegeben - sollten wir den direkten Pfad entlang der Zugstrecke verlassen und am Meer entlang wandern.

Nachdem wir der Straße ein Stück gefolgt sind, finden wir die Abzwei-gung und entscheiden uns einstimmig für den Umweg. Er ist grandios. Ein Trampelpfad führt an der Klippe entlang über weiße Felsen, die mit Moos überwachsen sind und es bietet sich ein weiter Blick über den

Ozean. Monumentale Felsen ragen aus dem Meer, die von den Wellen umspült werden. Der Anblick ist das völlige Gegenteil meines ersten Eindrucks von Asturien. Die karge Felsenlandschaft mit Moosen und Flechten erinnert mich an Norwegen.

Auch die Herberge ist überwältigend. Eine Unterkunft für einen mit allem Komfort verwöhnten Pilger. Helle Schlafräume, viel Platz und saubere Waschräume. Uns wird ein Wasch- und Trockenservice angeboten. Die Verwalterin nimmt alle Klamotten in Empfang mit dem Versprechen, dass sie sich um alles kümmern würde, da Waschmaschinen und Trockner gerade in Betrieb wären. Es fehlt nur noch, dass sie unsere Klamotten bügelt.

Einige Liegen sind in dem mit Sandstein ummauerten Hof aufgestellt, in die man sich hinein fläzen und die Füße hochlegen kann. Zur Unterkunft gehört eine Bar, bei der kleine Snacks, Bier und *Sidra* angeboten werden. In diesem Moment fällt mir ein, dass ich unterwegs die Flasche mit dem asturischen Getränk besorgt habe und schlage den Leipzigern vor, dass man sich damit auf den Balkon - ein weiteres Highlight dieses Gästehauses - setzen könnte. Wir teilen die Flasche auf vier Gläser auf. Ich bin unheimlich gespannt auf die *Sidra*, jene berühmte Spezialität der Region Asturien. Ich nehme einen Schluck und versuche, ihren Geschmack zu analysieren. Das Getränk schmeckt wie Plörre, ist mein erster Eindruck. Zwar nicht ungenießbar, aber deutlich schlechter als mittelmäßig und ist kein Vergleich zu französischem Cidre, dem fruchtigen Apfelwein mit Kohlensäure, der erfrischend und zumeist süßlich schmeckt. Die asturische Variante ist bitter und prickelt nicht. Nach dieser Verkostung werde ich vorzugsweise beim Bier bleiben.

Bären und Ölsardinen

17. August, Buelna → Poo

An diesem Morgen hätte ich mit einer sympathischen Gruppe von Rucksackträgern wandern können, leider kommt alles anders. Nach wenigen Metern klagt eine der Pilgerinnen aus Leipzig über Fußprobleme. Am Tag zuvor, bei der Wanderung an der Meeresküste hatte sie zum Schluss häufiger angehalten, um ihren rechten Fuß zu entspannen und wurde zunehmend langsamer. Es schien jedoch vorerst kein ernsthaftes Problem zu sein und mir kam das langsame Tempo entgegen, da ich den Meeresblick genießen konnte. Heute Morgen geht bei ihr jedoch gar nichts mehr, ihr Fußproblem hat sich massiv verstärkt.

Nach kurzer Diskussion verabschieden sich die Leipziger. »Wir gehen zum Bahnhof«, erklärt Ole. »Möglicherweise reisen wir heute ab.«

Diese Nachricht macht mich traurig. So viele Pilger habe ich bisher kennengelernt, dennoch ist dies eine fast einsame Wanderung. Den irren Spanier namens Santiago hätte ich gerne wiedergetroffen, speziell die sympathische Italienerin, mit der ich abends auf dem Campingplatz in *Comillas* geplaudert habe. Als ich mich an die Pilgerin erinnere, wünsche ich mir, sie besser kennengelernt zu haben.

Eine Puppe grinst mich von einer Hauswand an. Die Figur mit Bart und ihrer Mütze mit Jakobsmuschel auf dem Kopf trägt einen Stab mit einem ausgehöhlten Kürbis, jenem legendären Trinkgefäß der mittelalterlichen Pilger. Ein Pilgerwichtel. Neben ihm ist eine mit Zitronen gefüllte Schachtel aufgestellt mit dem Hinweis: »Pilger, bedient euch! Kostenlos.« So etwas findet man häufiger auf dem Jakobsweg und stammt von freundlichen Bauern, die ihre Ernte mit vorbeigehenden Wanderern teilen. Einen Apfel hätte ich gerne mitgenommen. Auf eine Zitrone habe ich aber keinen Appetit und überlasse sie denen, die noch vorbeikommen werden.

Regelmäßig überhole ich Scharen von Wanderern und wundere mich, wo die vielen Leute plötzlich herkommen. Es sind spanische Familien, die keine oder höchstens winzige Rucksäcke tragen. Pilger sind es mit Sicherheit nicht. Der Pfad am Meer scheint beliebt zu sein für Tageswanderungen, denke ich, als ich plötzlich Laute wie die eines Bären zwischen den Felsen höre. Ich versuche herauszufinden, wo dieses merkwürdige Geräusch herkommt. Am Wegesrand sehe ich ein Schild, auf welchem dieses Mysterium erklärt wird. Es sind sogenannte *Buffones*. Ein natürliches Phänomen. Eine Zeichnung zeigt eine Zisterne, die über eine Höhle mit dem Meer verbunden ist. Der Wechsel von Gezeiten hatte Kanäle im Fels geformt und aufgrund der Wellenbewegungen strömt das Wasser hinein und hinaus. Abseits des Weges warten einige Leute vor einem der *Buffones*. Neugierig gehe ich darauf zu und werfe einen Blick in die Tiefe. Das Brüllen ist erneut zu hören, diesmal viel lauter und ich fühle einen Windstoß. In diesem Moment erinnere ich mich an die Plattform in San Sebastian. Wahrscheinlich hatte der Künstler diesen Effekt kopiert.

Dies ist einer der außergewöhnlichen Abschnitte, da man durchgehend einen weiten Blick über den Ozean genießt, während man abseits der Zivilisation um eine Art Halbinsel wandert. Es geht weiter aufwärts und bald sehe ich eine idyllische Bucht tief unter mir. Auf dem Sandstrand tummeln sich Badegäste, die wie Ameisen aussehen. Es würde mich reizen, hinabzugehen und mir eine Weile die Sonne auf den Bauch scheinen zu lassen. Doch ich habe Bedenken wegen der Höhendifferenz, die viele hundert Meter beträgt. Um die Serpentinen zum Ameisenhaufen hinabzusteigen, würde ich mehr als eine Stunde benötigen. Nach einem Blick auf meinen Etappenplan verwerfe ich diese Idee. Die Zeit für solche Eskapaden fehlt.

Als ich *Llanes* unter mir sehe, wundere ich mich, dass die Markierungen bergauf führen, weg von der Stadt. Der Bergkamm, der sich vor mir erhebt, ist atemberaubend, aber als Ziel ungeeignet, da die Siedlung talwärts liegt. Als ich schon darüber nachdenke, umzukehren und einen der Trampelpfade hinab zu wagen, nimmt der markierte Weg eine abrupte Wendung nach rechts. Erleichtert werfe ich einen letzten Blick auf diese gigantische Bergkulisse und folge den Markierungen. Es folgt ein steiler Abstieg über Hohlwege in Richtung Stadt.

Der abrupte Wechsel von den sanften Geräuschen der Natur zu Verkehrslärm ist schmerzhaft. Es dauert einen Moment, bis ich mich an die Zivilisation mit stetigem Motorenlärm und Gehupe gewöhnt habe. Kurz darauf überhole ich einen Mann mit übergroßen Kopfhörern, der offensichtlich schwerhörig ist, so laut schallt es aus dessen zwei Muscheln. Dies bringt mich zu der Vermutung, dass manche Menschen ein permanentes Getöse benötigen, um ihr Gehirn vom Denken abzuhalten.

Llanes wandelt sich in eine zunehmend sehenswerte Stadt, je weiter ich ins Zentrum komme. Die Stadt wirkt mittelalterlich, ist aber für meinen Geschmack zu überlaufen. Unzählige Shops und Restaurants wetteifern um die Gunst des Touristen. Für einen Pilger wie mich geht es viel zu geschäftig zu. Es gibt eine Bucht, bei der offensichtlich der gleiche Architekt gewirkt hat wie in Sylt, Betonklötze zieren die Küste. Schön ist anders, auch wenn sie bunt bemalt sind. Vielleicht bin ich zu konservativ. Doch es gefällt mir besser, wenn man die Natur so belässt, wie sie ist. Damit lässt sich aber kein Geld verdienen. Mit Betonwürfeln in der Idylle offensichtlich schon.

Als ich den Sandstrand von *Llanes* betrachte, wird sofort klar, dass die Natur diese Ecke nicht begünstigt hat. Der Strand ist winzig und sehr überfüllt. Zum Eindruck ›Sardinenbüchse‹ gesellt sich noch etwas Unappetitliches: ein rötlich-braunes Rinnsal, das zwischen den Strandgästen zum Meer fließt und dickflüssig wie Öl in den Wellen schwappt. Es scheint sich jedoch niemand daran zu stören, genauso wenig, wie durch den Matsch und über einen Teppich von Algen zu wandern. In dieser Bucht hat sich unappetitliches Zeug aufgestaut. Diesen Strand hake ich ab als ›sehr miserabel‹ und steige zu einer Plattform hinauf, die von Mauern umsäumt ist. Beim Blick hinab zur Stadt vermute ich, dass sie ursprünglich eine mittelalterliche Zitadelle mit Festungsmauer war. In der Ferne erheben sich majestätische Berge. Aus dieser Distanz mit dem Meeresrauschen und den Wellen, deren Bersten an den Klippen zu hören ist, wirkt *Llanes* als sehr attraktive Stadt. Wenn man zur anderen Seite schaut, kann man weit aufs Meer hinausblicken. Auf dieser Aussichtsplattform gibt es einige große Eidechsen, die sich in der Sonne aufwärmen und recht träge wirken. Dennoch sind sie so flink, dass ich keine von ihnen einfangen kann.

Lange Zeit führt der Weg an den mächtigen Klippen entlang, bis ich mein Etappenziel erreiche. Es trägt den Namen *Poo* und ist eher ein Dorf mit einem der kürzesten Namen von ganz Spanien. Und dem peinlichsten. Aber das werde ich den Bewohnern nicht auf die Nase binden.

Die Pilgerherberge besitzt einen Gemeinschaftsbereich, in dem man sich an kostenlosem Kaffee bedienen darf und einen großen Garten, in dem Wäscheleinen gespannt sind. Ein separates Häuschen bietet Waschmöglichkeiten und Duschen. Es ist die perfekte Unterkunft für Pilger mit nicht allzu übertriebenen Erwartungen, eine gemütliche Herberge in familiärem Stil. Als ich in den ersten Stock zu den Schlafsälen hinaufsteige, betrachte ich die Wände und muss ein lautes Lachen unterdrücken. Die Wände sind dicht bemalt mit Sinnsprüchen, Symbolen und Signaturen im Stil »Auch ich war hier!«. So sieht eine Wohnung aus, wenn man den Kindern nicht von Anfang an untersagt, die Wände zu beschriften. Es gibt kaum noch Platz für neue Botschaften.

Da die Küste nicht weit entfernt liegt, will ich die Gelegenheit nutzen, den verbleibenden Nachmittag am Meer zu verbringen. Beim Pfad zur Küste erkenne ich, dass dieser Strand etwas Besonderes ist. Es scheint ein ausgewaschenes Flussbett zu sein, in dem sich feiner Sand abgelagert hat. Ein schmaler Strandabschnitt liegt direkt am Meer, auf dem sich zahllose Badegäste tummeln.

Abends treffe ich ein paar deutsche Pilger wieder, denen ich in *Buelna* begegnet bin. Ich komme aber kaum mit ihnen ins Gespräch, da es eine Gruppe älterer Wanderer ist, die mehr unter sich bleiben.

Höhlen am Strand

18. August, Poo → Ribadesella

Eine interessante Steinformation am Weg bringt mich auf die Idee, dass mysteriöse Gebilde manche Menschen dazu verleitet haben, an die Existenz von Trollen oder Golems zu glauben. Der Fels neben mir gleicht exakt einem Troll, wie ich ihn aus Kinderbüchern kenne. Augen, Mund und lange Nase. Er scheint, als könnte er jeden Moment aufstehen und mir den Weg versperren. Ich bin nicht abergläubisch, schreite aber in einem respektvollen Abstand an dem Felsen vorüber.

Der Morgen zeigt sich wieder von seiner trüben Seite. Regenwolken hängen über mir und es nieselt, sodass ich an den Buchten und Sandstränden vorbeiwandere. Nur gelegentlich halte ich inne, um den Ausblick auf den Ozean auf mich wirken zu lassen. Von Wellen umspülte Felsenkolosse im Meer ziehen mich trotz schlechter Wetterbedingungen für einen Moment in Bann, wie auch jene einsame Ruine mit einem Steinbogen, ein Relikt eines seit Jahrhunderten verlassenen Sakralgebäudes mit Meeresblick.

Beim nächsten Abschnitt, der an der Landstraße entlang führt, sehe ich einen interessanten Hinweis. Auf dem Gelände zu meiner rechten Seite soll sich ein ehemaliges Kloster befinden. Ich wandere durch einen wilden Garten, in dem Kuhdung verteilt ist und halte vor einem heruntergekommenen Gebäudekomplex, um das Hauptgebäude zu betrachten, dessen Portal mit Steinbögen auf ein mittelalterliches Sakralgebäude hinweist. Leider hält mich eine verschlossene Tür davon ab, den Innenraum zu besichtigen. Ich mache kehrt und überquere den Rasen, bei dem es schwierig ist, nicht in Dung zu treten und werfe einen Blick in den Klosteranbau. Ein Dutzend Augen blickt mich an und im Chor höre ich ein vielstimmiges »Muuh!«

Nach diesem Schreck trete ich den Rückzug an. Was früher ein Kloster war, wird jetzt landwirtschaftlich genutzt.

Als der Nieselregen sich verabschiedet, hält sich der Himmel noch weitgehend bedeckt. Nur gelegentlich dringt ein Sonnenstrahl hindurch. Es ist ideales Wanderwetter für den Marsch an der Küste. Ein Kiesweg führt mich zu einer Lagune, die mit dem Meer verbunden ist. Durch

Felslöcher strömen Wellen hinein, füllen den See und danach sinkt der Wasserspiegel wieder. Dies macht mich sehr neugierig, wie der Abschnitt direkt an der Küste aussehen würde. Ich erklimme das Felsgestein und blicke steile Klippen hinab. Es sind Vertiefungen zu sehen, in denen das Wasser im Takt der Wellen verschwindet, dann folgt ein Getöse und kurz darauf strömt das Meerwasser aus Löchern wieder heraus. Ich verweile einige Zeit auf den Klippen, um den tiefen Klängen zu lauschen. Wie Musik, die in ihrem bedächtigen Rhythmus so entspannend wirkt, dass es mir schwerfällt, mich von diesem ›Gesang der Sirenen‹ zu lösen. Ich reiße mich los und wandere über eine mit Gras und Moos bewachsene Felsenlandschaft.

Bald finde ich zwei Wegmarkierungen. Nach links führt der gelbe Pfeil des Jakobsweges auf eine Asphaltstraße. Der Trampelpfad nach rechts ist mit einem handgeschnitzten Wegweiser aus Holz markiert mit ›Senda de la Costa‹. Ohne langes Nachdenken entscheide ich mich für den Küstenpfad, da dieser eine Wanderung in unmittelbarer Meeresnähe verspricht. Die Entscheidung belohnt mich mit einem paradiesischen Weg, der an den Klippen hinauf- und wieder abwärts führt. Auf der rechten Seite das Meer und auf der anderen Seite saftige Weiden, auf denen Kühe und Schafe weiden. Nach vielen Kilometern fällt mir auf, wie zerklüftet dieser Küstenabschnitt ist. Wiederholt führt mich der Traumpfad zum nächsten Ort, vereinigt sich mit dem Jakobsweg und weist am Ortsende wieder zur Küste. Den ursprünglichen Zeitplan für diese Etappe verwerfe ich bald, denn der Umweg im Slalom verdoppelt die Länge dieses Abschnitts. Mindestens. Doch für mich ist der Weg im Moment wichtiger als das Ziel. Der ›Senda de la Costa‹ überquert einen Fluss auf einem Holzsteg und geht steil bergauf, hält sich einige Kilometer auf der Höhe, um danach wieder abwärts zu führen. Ich erreiche die Bucht am *Playa de Cuevas*. Zahllose Gäste sind in einer Strandbar versammelt, in der ich nach den vielen Stunden einsamer Wanderung eine Pause einlege und leckere Tortilla mit eisgekühlter Cola genieße.

Diese Bucht ist außergewöhnlich. Es gibt zwar attraktivere Strände als diesen Kieselstrand mit den vereinzelten Sandflächen, die aber schon von Sonnenbadenden besetzt sind. Der Blick zum Ende der Bucht weckt mein archäologisches Interesse. Die Höhlen in der Felswand muss ich erkunden, offensichtlich waren diese früher bewohnt. Der Eingang zur ersten Felsenhöhle ist durch ein rechteckiges Mauerwerk verstärkt, was darauf hindeutet, dass sich dort einst eine Pforte befand. Ich trete ein und klettere seitwärts, bis ein Gang zum Strand hinausführt. Der Durchgang muss handwerklich verbreitert worden sein, schließe ich aus seiner rechtwinkligen Form. Es gibt weitere Höhlen, in denen sich womöglich noch unentdeckte Schätze befinden, deren Eingänge sich draußen im Wasser befinden. Ich müsste meinen Rucksack unbeaufsichtigt am Strand liegenlassen und dorthin schwimmen. Oder auf Ebbe warten. Mein Zeitgefühl meldet sich, denn so viel Muße bleibt mir auch nicht, da ich mich noch um einen Übernachtungsplatz kümmern muss.

Es gibt keine Wegweiser, die mich zum *Camino* zurückführen und ich greife auf das vielfach bewährte Hilfsmittel GPS zurück. Die Landstraße führt durch einen Tunnel im Felsgestein, später zweigt ein landwirtschaftlicher Weg ab, der sich im Wald fortsetzt. Darüber erreiche ich das Dorf *Villanueva de Pria*, in dem es laut Plan Einkaufsmöglichkeiten gäbe und an dessen Ortsende sich eine Pilgerherberge befinden würde. Eine Weile irre ich in der fast ausgestorbenen Siedlung umher und bekomme den Eindruck, als hätte sich hier seit Jahrhunderten nichts verändert. Der Name *Villanueva* bedeutet ›neue Stadt‹, ist jedoch irreführend.

Bald merke ich, dass ich im Kreis gelaufen bin und begegne endlich einem ersten Menschen, der in gebückter Haltung die Straße entlang trottet. Der Spanier wirkt, als würde er die Last eines ganzen Jahrhunderts tragen.

»Es gibt hier keine Herberge«, antwortet er und starrt mich an, als käme ich von einem fremden Planeten. »Es kommt nie jemand in unser Dorf.«

Jakobsmuscheln oder gelbe Pfeile hätte er in seinem ganzen Leben noch nie gesehen, sagt er. Einen Supermarkt gäbe es ebenso wenig. Scheinbar ist er noch nie über diese Siedlung hinausgekommen. Er ist jedoch der einzige, der mir helfen könnte, aus diesem verwunschenen Dorf wieder herauszufinden.

»Gibt es eine Hauptstraße, die zum nächsten Ort führt?«

Er zeigt in die Richtung zurück, aus der ich gekommen bin. Ich müsse dort links abbiegen, sagt er. Nach kurzem Zögern entscheide ich mich, zurückzugehen, um nach einer Abzweigung zu suchen, die ich übersehen haben könnte. Ich finde sie tatsächlich, dort, wo ich zuvor einen weiten Bogen um einen aggressiv bellenden Kläffer nehmen musste. Als ich die Gefahrenstelle überwunden habe, sehe ich vor mir ein verwittertes Zeichen. Die Muschel. Mir fällt ein großer Stein vom Herzen, weil ich nach der langen Zeit der Desorientierung endlich wieder den Wegweisern folgen kann. Kurz nach dem Ortsende gibt es moderne Villen, die dort fehl am Platze wirken. Danach folgt Wildnis. Meine Suche nach einer Herberge gebe ich endgültig auf. Ein Waldstück führt in ein offenes Gelände und über eine Wiese, auf der zwei Dutzend Kühe weiden. In meiner Jugend, als ich deutlich kleiner war als diese Vierbeiner, hätte mir eine so große Herde einen Heidenrespekt eingeflößt und ich hätte mich nicht in ihre Nähe gewagt. Es ist eine Erleichterung, ihnen in Augenhöhe begegnen zu können. Zudem ignorieren mich die Wiederkäuer weitgehend, während ich mich auf dem Trampelpfad an ihnen vorbeischleiche. Die Weide endet im Ort *Piñeres*. Bei meiner kurzen Rast auf einem Mauervorsprung kommen zwei deutsche Pilgerinnen auf mich zu, begrüßen mich und wenig später erscheint ein Mann in schwarzer Robe.

»Hier gibt es eine Herberge. Wir sind bisher nur zu zweit. Es ist noch reichlich Platz für Pilger.«

»Gibt es Einkaufsmöglichkeiten in der Nähe, ein Restaurant?«, frage ich.

»Dies ist ein rein landwirtschaftliches Dorf.« Der Mann im schwarzen Priestergewand zuckt mit den Schultern. »Es gibt nur Bauernhöfe.«

Eigentlich hätte ich mich freuen sollen. Es ist später Nachmittag und dies hätte mein Ziel sein können, zugleich wäre es ein guter Zeitpunkt gewesen, um einen Schlafplatz zu bekommen. Doch ein Abendessen nach dem langen Wandertag wäre mir sehr wichtig und ein wenig Fiesta wünschenswert. Die Drei wirken wie eine alternative Öko-Religionsgemeinschaft, in deren Mitte ich mich wie ein Außenseiter fühlen würde. Nach der Rast entschuldige ich mich, dass ich ohne Abendessen die Nacht nicht überleben würde und setze meinen Weg fort.

Der Pfad führt erneut über Kuhweiden, bald durch Wildnis. Mächtige Gebirgszüge erheben sich am Horizont. Am Schluss geht es abwärts und am frühen Abend erreiche ich *Ribadesella*, in der es laut Plan alles gibt, was sich Pilger oder Touristen wünschen. In einer Vorortsiedlung begegne ich Rucksackträgern, die erzählen, dass sie verzweifelt nach einer Unterkunft suchen würden, da die Jugendherberge im Ort voll belegt wäre. Beim Rundgang durch die Innenstadt klappere ich preisgünstigere Hotels ab und sehe überall das Schild ›Completo‹. Da sowieso alles belegt ist, entscheide ich mich für eine gemütliche Stadtbesichtigung und schaue mich nach einem Versteck um, in dem ich mich nachts unauffällig verkriechen könnte. In *Ribadesella* gibt es eine wunderbare Strandpromenade, die zu einem Park führt und auf einer Aussichtsplattform dort sind historische Kanonen um eine Kapelle aufgestellt. Es ist ein Freilichtmuseum. Die Grünanlage abseits von Straßenlaternen wäre ein möglicher Schlafplatz. Dagegen spricht aber, dass der Park zu zentral liegt. Es besteht das Risiko, dass Nachtschwärmer in der Dunkelheit über mich stolpern könnten.

Beim Weg zurück in die Innenstadt sehe ich am Wegrand Tafeln, die über die Geschichte des Ortes, die Geographie der Umgebung und über Flora und Fauna der Küste informieren. Es ist ein von Schülern umgesetztes Projekt, gefördert vom Fremdenverkehrsamt. Gerade fällt mir ein, dass ich mich nach etwas erkundigen wollte: *Covadonga*. Es ist der Ursprung ganz Spaniens und jene Höhle, in der sich der Legende nach die letzten christlichen Rebellen versteckt hätten, um sich der maurischen Besatzungsmacht zu widersetzen. So wie die Gallier in den Comics gegen die Römer. Während Gallien jedoch von den Römern vollständig besetzt wurde, leistete in Asturien ein kleines Volk Widerstand und legte den Grundstein dafür, dass ganz Spanien von der Herrschaft der Muslime befreit werden konnte. Dies ist aber sehr trivialisiert und vieles mehr Sage als Historie. Gerade das weckt jedoch meine Neugier, mehr über die Geschichte des heldenhaften asturischen Volkes zu erfahren.

Im Hafengebiet sehe ich ein Tourismus-Büro, das laut Türschild schon seit der Mittagszeit geschlossen ist. Beim Blick durch das Glasfenster studiere ich einige Busfahrpläne. Es gäbe einen Bus, der nachmittags in Richtung *Covadonga* starten würde. Ich verwerfe die Idee. Weder wüsste ich, was ich morgen den halben Tag bis dahin tun sollte und genauso wenig, ob ich danach mit dem Bus nach *Ribadesella* zurückkommen würde. Zwei Tage Verlängerung sind nicht drin.

Da es mittlerweile dunkel geworden ist, wird es Zeit, mich ins Nachtleben zu stürzen. Es gibt zahlreiche Tapas-Bars. Was es jedoch fast nirgends gibt, sind freie Plätze in Restaurants mit halbwegs preisgünstigen Angeboten. Nach einem Rundgang finde ich eines, auf dessen Terrasse einige Holzfässer zu Stehtischen umfunktioniert wurden. Nachdem ich an einem der Fässer meinen Rucksack abgestellt und ein Bier bestellt habe, winkt mir jemand freundlich zu. Eine Spanierin, die mit einigen Begleitern an einem Tisch sitzt.

»Du kannst dich gerne zu uns setzen«, ruft sie. Solche Gastfreundschaft wirkt fast unheimlich. Heute bin ich ein Obdachloser, der sich in eine Tapas-Bar verirrt hat. Ein Deutscher, der nur den Plan hatte, noch eine Weile Bier zu trinken und einen Snack einzunehmen, bis es spät genug wäre, dass keine *Guardia Civil* mich von dem Schattenplatz, einer Schlafecke im Park, verscheuchen würde. Etwas Gesellschaft wäre mir jedoch recht und ein Einsiedler bin ich auch nicht, dass ich so eine freundliche Einladung ausschlagen würde.

Tapas werden serviert, eine große Schüssel mit Salat, Meeresfrüchten, Tortillas, Brot und ein großer Teller mit Schnitzel und Pommes Frites.

»Bedien dich!«, sagt die Spanierin lächelnd. Doch ich wurde nicht so erzogen, mich bei wildfremden Leuten an der Tafel zu verköstigen. Heute bin ich zwar obdachlos, aber noch lange kein Schnorrer.

»Ich wollte auch etwas bestellen.« Beim Blick auf die Karte finde ich Pommes Frites oder Calamares als die einzigen preiswerten Angebote und bestelle die frittierten Meeresbewohner. Dezent bediene ich mich nach nochmaliger Aufforderung an den Pommes Frites der anderen und dem Baguette, bis meine Tintenfischringe mit Knoblauchsauce serviert werden. Daran bedient sich jedoch keiner, obwohl ich damit versuche, mich für ihre Gastfreundschaft zu revanchieren.

»Wir sind heute Mittag in der Stadt angekommen und haben uns gewundert, wie viele Pilger derzeit unterwegs sind. Morgen starten wir den *Camino* und wandern eine Woche«, erzählt die nette Spanierin und fragt mich: »Übernachtest du auch in der Jugendherberge?«

»Als ich angekommen bin, gab es leider keinen Platz mehr. Ich übernachte in einer privaten Unterkunft«, antworte ich ausweichend. Ich befürchte, es könnten Nachfragen folgen, daher ergänze ich »Camping.«

»Du hast ein Zelt dabei?«, fragen sie mich verwundert beim Blick auf meinen Rucksack.

»Nur einen Schlafsack.« Ich wechsle spontan das Thema und frage, ob eine Woche nicht etwas kurz wäre, um den *Camino* wirklich zu genießen.

»Wir können leider nicht länger freinehmen.«

Als sie sich verabschieden, werden ihre halbvollen Teller abgeräumt. Ich frage mich, ob es tatsächlich unangemessen gewesen wäre, mich an ihren Tapas zu bedienen. Dafür ist es jedoch zu spät.

Auf meiner Erkundungstour durch die Stadt hatte ich zuvor eine Ecke ausfindig gemacht, die sich etwas abgelegener befindet und als Schlafplatz ideal wäre. Auf dem Weg dorthin wandere ich an einem Spielplatz vorbei und sehe einen Mann um die Fünfzig in der Sandkiste sitzen, der an seinem Rucksack lehnt. Er trägt einen ungepflegten Bart und sieht alternativ und obdachlos aus. Wie ein echter Pilger. Ein Profi, der wohl keine Kompromisse eingeht. Dieser Platz wäre auch für mich ein guter Schlafplatz gewesen. In dem Häuschen auf dem Spielplatz hätte man notfalls ein Dach über dem Kopf, falls es regnen sollte. Doch die grellen Straßenlaternen rundherum würden mich stören, daher überlasse ich ihm sein kleines Idyll und begebe mich zu meinem fernen Übernachtungsplatz.

Als ich zum Strand *Playa de la Atalaya* hinabgehe, tost unüberhörbar die schwere Brandung. Der Wind hat zugenommen und die mächtigen Wellen gießen Meerwasser über den Strand. Der ursprünglich vielversprechende Schlafplatz ist zu nass geworden. Was mich noch mehr stört: am Rand der Klippen sitzt eine Gruppe aus spanischem Jungvolk. Lautes Lachen ist zu hören. Heute ist eigentlich Montag. Was haben die um diese Uhrzeit dort zu suchen, wo ich ungestört übernachten wollte?

An dieser Bucht führt auch ein Weg in die Höhe und laut Wegweiser zu einem *Torre de Atalaya*. Ein Turm oder eine Ruine, was eine Alternative wäre. *Atalaya* klingt türkisch, was mich wundert. Doch der Aufstieg endet an einem Zaun. Wilde Brombeerhecken wuchern rundum und weitergehen ist unmöglich. Hier gibt es nur eine Sitzbank mit Aussicht zum Meer, wo die Brandung hartnäckig gegen die Klippen schmettert. Es bietet gleichzeitig einen Blick über die Stadt. Mittlerweile hat sich die Nacht durchgesetzt, wird aber durch zahllose Straßenlaternen erhellt. Die Aussicht ist grandios. Warum nicht hier übernachten, am Ende des schmalen Pfades? Ich könnte mich einige Stunden auf die Parkbank setzen, bis es wieder hell wird. Die Bank ist fast zwei Meter lang und ich kann mich sogar ganz ausstrecken. Derweil hat der Wind stark zugenommen und das Schlagen der Wellen, die an den Klippen zerschellen, hört sich an wie Kanonendonner. Am Strand wäre ich mittlerweile von ihnen überspült worden, dagegen ist der Aussichtsplatz hier oben hervorragend und die Parkbank bietet sauberes und trockenes Ambiente. Solange es nicht regnet. In der Hoffnung, dass es nachts keine bösen Überraschungen gibt, richte ich mich hier ein.

Der Platz ist tatsächlich der schönste Fleck weit und breit unter freiem Himmel, doch extrem dem Wind ausgesetzt, hier oberhalb der Klippen. Mein Jugendherbergsschlafsack aus dünnem Baumwollstoff bietet kaum Schutz vor Kälte. Ich genieße den Ausblick auf die Stadt, in der langsam die Lichter ausgehen und hoffe, dass die harschen Windböen vom Meer irgendwann nachlassen. Eine Wolldecke wäre jetzt angenehm.

In der Sackgasse

19. August, Ribadesella → La Isla

Die ersten Vorboten der Morgendämmerung färben den Horizont dunkelblau. Ich bin heilfroh, als die Zeit des Bibberns endet und ich starten kann. Meine Füße und Hände sind fast steif. Schwerfällig wie eine Schildkröte richte ich mich auf, verstaue mein Leinentuch im Rucksack, steige in meine Schuhe und gehe träge den Pfad hinab. Als ich beim Kinderspielplatz vorbeikomme, sehe ich, wie der bärtige Pilger sich im Sandkasten räkelt. Er ist wohl ebenso verfroren.

Ich überquere eine Brücke und da offenbart sich, wie die Stadt zu ihrem Namen *Ribadesella* kam. *Rio Sella* heißt der Fluss, der durch die Ortsmitte fließt.

Ein Wegweiser weist auf eine Tropfsteinhöhle namens *Tito Bustillo* hin, in der man prähistorische Felsmalereien sehen könnte. Doch eine Tafel am Eingang informiert mich, dass diese Sehenswürdigkeit nur von Mittwoch bis Sonntag besichtigt werden kann. Wir haben Dienstag. Um ein positives Fazit zu ziehen: ich habe Zeit gespart.

Der *Camino* führt an prächtigen Villen vorbei, die wie Paläste aussehen. Diese Promenade erinnert mich an die berühmte *Rue d'angleterre* in *Nizza*, sogar das Gebirgspanorama im Hintergrund ist vorhanden. Dieser Strand ist aber um ein vielfaches attraktiver als der Kieselhaufen an der französischen Mittelmeerküste und das Risiko wesentlich geringer, überfallen zu werden.

In dieser frühen Stunde begegne ich zwei Pilgerinnen. Es sind vermutlich Mutter und Tochter, die so langsam gehen, dass ich beim Überholen nur kurz grüße und meinen Weg fortsetze. Dieser führt über einen Bergpass zu einem weiteren Sandstrand, an der sich eine Frühstücksbar für Surfer befindet. Sie öffnet erst um 10 Uhr. Es fehlt eine halbe Stunde, die ich leicht überbrücken kann, wenn ich mich an den Strand setze. Nur einen Augenblick bleibe ich ungestört, da ein Schäferhund zu mir rennt, wild mit den Zähnen fletscht und mich ankläfft. Danach rennt er zum Meer, kommt zurück und bellt erneut. Das wiederholt sich einige Male. Ein Psychopath auf vier Beinen. Als Surfer erscheinen und ihre Bretter herrichten, läuft er zu ihnen und bellt die Gruppe an. Die Leute sehen mich mit einem verärgerten Gesichtsausdruck an, der wohl sagen soll: »Kannst du Spinner deinen tollwütigen Hund nicht zurückrufen?«

Mir reicht es und ich gehe zur Frühstücksbar. Bei Croissant und heißem Kaffee vertreibe ich die letzten Überbleibsel von Kälte und Müdigkeit. Derweil schiebt sich die Sonne aus dem Wolkenschleier hervor und taucht mich in wohlige Wärme. Erste Pilger erscheinen. Es sind die Spanier vom Vorabend. Ihre Gesellschaft tut gut, doch so richtig komme ich mit ihnen nicht ins Gespräch, da sie sich primär innerhalb ihrer Gruppe unterhalten und zu schnell sprechen. Als sie im Gelände auf bereitgestellten Liegen noch eine Pause machen, verabschiede ich mich.

Am Ende des Strandes führt eine Straße aufwärts. Dort treffe ich auf eine Weggabelung, an der man der Landstraße links folgen oder rechts in Richtung Meer gehen kann. Ich entscheide mich für die zweite Variante und verspreche mir einen malerischen *Senda de la Costa* an den Klippen. Die asphaltierte Straße führt an einem Steinbruch vorbei, durch ein verrostetes Tor hindurch und verwandelt sich in einen Schotterweg. Bald wird der aufwärts führende Pfad schmaler, Brombeerhecken am Wegrand rücken zusammen und es wird schwierig, weiterzukommen, ohne an ihren Dornen hängenzubleiben. Es entwickelt sich zu einem Kampf gegen wildes Gebüsch, immer wieder ist Klettern angesagt, mich an Graswurzeln hochziehen, einen halben Meter Felskante überwinden, danach eine Lücke in der Brombeerhecke finden und mich hindurchzwängen. Als mir nach einer weiteren Kraxelei der Schweiß von der Stirn rinnt, schaue ich mich in alle Richtungen um. Wo geht es weiter? Dies ist eine Sackgasse. Ich gehe ein paar Meter zurück und finde einen anderen Pfad, der noch schwieriger zu erklettern ist. Wenige Meter über mir sehe ich einen Strommast auf einem Felsen. Hinaufzukommen ist wegen des dichten Buschwerks jedoch unmöglich. Ich gehe erneut zurück und versuche zwei weitere Wegvarianten, die genauso im Nirgendwo enden wie alle anderen Lücken, die ich in diesem verwilderten Gelände ausmachen kann. Nachdem ich von jenem Felsen, den ich hochgeklettert war, an eine Graswurzel geklammert hinabgerutscht bin und unzählige Kratzer von Brombeersträuchern eingesteckt habe, endet mein letzter Versuch, den Weg durch Dornbüsche zu finden an einer steilen Felswand. Schweiß rinnt in Strömen von meiner Stirn und endlich ziehe ich die logische Konsequenz. Ich muss bis zum Anfang des Geländes zurückkehren, auch wenn diese Entscheidung wehtut. Als ich endlich das verrostete Metalltor durchquere, wird mir der positive Aspekt dieses Irrgartens bewusst: einige Kilometer des Pilgerweges habe ich damit ausgeglichen, die ich durch Fahrten mit dem Boot, dem Auto oder mit dem Zug an Kilometern abgekürzt habe. Dabei habe ich eine Wildnis überlebt, die nicht ganz ungefährlich war und kann stolz auf meine heutige Pilgerleistung sein.

Der markierte Jakobsweg führt nun an kleinen Buchten vorbei, an denen sich zahlreiche Windsurfer tummeln. Während der Klettertour durch die Brombeerbüsche war es durchgehend sonnig, nun zieht sich der Himmel zu und es wird windig. Perfekte Bedingungen für Windsurfer.

Das Ziel *La Isla* ist schon in Sichtweite, auch wenn es noch ein paar Kilometer bis dorthin sind. Dieser Küstenabschnitt beeindruckt durch bizarre Steinformationen. Eine Klippe, an der das Meer gegen das Land kämpft. Mächtige Wellen reißen Steine und Erde heraus, um sie in der tosenden Gischt zu zermalmen, während Mutter Erde Felsbrocken und Sand zurückerobert und beständig der destruktiven Kraft von Neptun trotzt. An diesem Strand soll es sogar Fußspuren von Dinosauriern geben. Ich vermag sie aber nicht zu erkennen und wage auch keine genauere Inspektion, da regenschwere Wolken über mir hängen, die nach Gewitter aussehen. Als ich wenig später das Ortsschild von *La Isla* erreiche, erschließt sich mir der Sinn des Namens nicht. Selbst wenn eine Sturmflut käme, würde dieses Gebiet nicht zu einer Insel. Als ich über eine Sintflut nachdenke, überholt mich ein Rucksackträger, der seine Wanderstöcke bei jedem Schritt laut auf den Asphalt knallen lässt. »Herberge?«, fragt er mich und schnappt nach Luft. Er rennt weiter, bevor ich überhaupt reagieren kann. Ein paar Meter weiter sehe ich einen Wegweiser, an dem der Mann vorbeigelaufen ist. Mit seinem Tempo ist er schon außer Rufweite. Dumm gelaufen nennt man das. Selbst schuld. Ich folge den Wegweisern ins Dorf, bis ich vor einem alten Gebäude stehe. »Anmeldung für die Herberge«, lese ich. Es gibt vor dem Haus eine Terrasse, auf der einige Stühle stehen. Ohne langes Nachdenken entscheide ich mich, mir eine wohlverdiente Pause zu gönnen.

Nach wenigen Minuten erscheinen zwei Spanier, die sich zu mir gesellen. Falls es ein Fehler sein sollte, nicht dem Marathonpilger zu folgen, sind wir wenigstens zu dritt im Irrtum. Dieser Gedanke entspannt. Nach einer Viertelstunde nähert sich eine Seniorin, grüßt höflich und öffnet die Tür. Während sie uns in eine Liste einträgt und unsere Pilgerausweise stempelt, schätze ich ihr Alter. Mindestens siebzig Jahre, vielleicht sogar achtzig oder neunzig. Die Aufgabe als Herbergsverwalterin scheint sie sehr ernst zu nehmen, da sie uns streng auf die Nachtruhe ab 22 Uhr hinweist, und dass man die Herberge bis spätestens 9 Uhr verlassen haben muss. Im Anschluss beschreibt sie unserer mittlerweile auf fünf Personen angewachsenen Pilgergruppe den Weg zur eigentlichen Unterkunft. Als der Marathonpilger eintrifft, weist sie ihn ab, da sie schon die letzten Schlafplätze vergeben hatte.

Das Gebäude, in dem sich die Pilgerherberge befindet, wirkt auf den ersten Eindruck etwas renovierungsbedürftig, ist aber innen sehr sauber und gepflegt. Die alte Dame scheint sich liebevoll darum zu kümmern, die in die Jahre gekommene Einrichtung instand zu halten.

Die meisten sind Spanier, doch auch ein Engländer hat hier einen Platz gefunden, der eine Gitarre an seinen Rucksack gelehnt hat. Er wechselt ein paar Worte mit einem der Pilger, mit denen ich die letzten Meter gegangen bin, kann sich jedoch nur bruchstückhaft verständigen.

»Du sprichst sogar besser Spanisch als Cedrik.« Der Spanier grinst. Dies nehme ich gerne als Kompliment, obwohl mir bewusst ist, dass ich nach einem Jahr Kurs an der Volkshochschule nicht gerade mit meinen Kenntnissen glänze.

Nachdem ich mich eingerichtet habe, mache ich mich auf den Weg zum Abendessen. Das Zentrum mit Restaurants und Einkaufmöglichkeiten befindet sich am Ortsanfang von *La Isla*. Es gestaltet sich überraschend kompliziert, dorthin zu finden, weil es hier keine normalen Straßen gibt. Die Häuser des malerischen Ortes wurden offenbar nach einem zufälligen System erbaut und die freien Flächen drumherum asphaltiert. Häufig verlaufe ich mich in dem nur 180 Einwohner zählenden Dorf.

Nach vielen Tagen finde ich endlich ein Restaurant, in dem Pilgermenüs angeboten werden. Mein Appetit ist immens, so gönne ich mir dieses seltene Vergnügen. Ich begegne älteren deutschen Pilgern aus

Poo, beziehungsweise *Buelna* wieder, die mich einladen, sich zu ihnen zu setzen. Während des Essens erschallt immer wieder ein lauter Gong am Tresen. Dessen Bedeutung ist mir klar: jemand scheint mit Trinkgeld geradezu um sich zu werfen. Ich stelle auch fest, wer: es ist eine Deutsche aus der Gruppe, die beständig eine neue Flasche Wein oder *Sidra* für die Gruppe bestellt.

»In Spanien ist es die Ausnahme, etwas dazuzugeben, man tut das nur bei wirklich gutem Service«, erkläre ich ihr.

»Selbst wenn es in Spanien unüblich ist, gebe ich grundsätzlich immer Trinkgeld. Wir deutschen Rentner können uns das leisten. Man nimmt doch nichts mit, wenn man das Zeitliche segnet.«

Im Prinzip hat sie recht. Trotzdem ist es hier nicht Sitte.

Eine halbe Stunde vor Torschluss der Unterkunft weise ich die Tischgesellschaft darauf hin, dass es Zeit wäre, aufzubrechen. Meiner Vermutung nach würde die Herbergsmutter es mit der um Mitternacht verschlossenen Tür sehr ernst nehmen. Etwas Zeitreserve wäre wichtig, da man sich auf dem Rückweg leicht verlaufen kann.

Hauptstadt des Apfelweins

20. August, La Isla → Villaviciosa

Als wäre die Apokalypse angebrochen, ist der morgendliche Himmel von schweren Wolken verhangen und nur ein Flecken draußen auf dem Meer wird so beleuchtet, als befände sich dort etwas Besonderes. Eine seltsame Szene.

Ich treffe Estella wieder, die Pilgerin aus dem Elsass. Kurz bevor wir in *Colunga* eintreffen, setzt der erwartete Regen ein. Während sie sich bei einer Bank mit Bargeld eindeckt, kaufe ich mir frisch gebackene Croissants und schlemme sie unter dem Vordach einer Kirche, bis sie ihre Besorgungen erledigt hat. Als der Regen nachlässt, sind wir wieder auf dem Weg.

Wir erreichen ein Gebäude, das aussieht wie eine Kreuzung aus einem byzantinischen Sakralbau, einer romanischen Kirche, einem Leuchtturm und einem *Hórreo* – einem der Bauwerke, die in Galicien und Asturien häufig zu sehen sind und vor der Erfindung des Kühlschranks zur Aufbewahrung von Nahrungsmitteln genutzt wurden. Dieser kreative Sakralbau, *San Juan de Duz* wirkt so neu, als wäre er im 20. Jahrhundert errichtet worden. Es ist schade, dass der Eingang verschlossen ist. Nach einem Rundgang um das Gebäude setzen wir unseren Weg fort. Es geht aufwärts in eine Gebirgslandschaft durch die abgelegensten Dörfer Asturiens, die durch Land- und Forstwirtschaft geprägt sind. Beständige Regenschauer bescheren in dem stetigen Auf und Ab ein eingeschränktes Wandervergnügen. Als sich ein Gewitter entfaltet und Starkregen einsetzt, suchen wir eilig Schutz unter dem überdachten Vorplatz einer Kirche.

Im Gebirge Asturiens stauen sich wohl alle Wolken. Der grünen Landschaft nach zu urteilen scheinen solche Regengüsse kein seltenes Phänomen zu sein.

Eine halbe Stunde dauert das Schauerwetter an, bis das Gewitter abzieht. Estella wird die Pause offensichtlich zu lange, sie spannt ihren Schirm auf und tritt aus dem überdachten Schutz hinaus. Etwas skeptisch denke ich nach, ob ich es wagen und ihr folgen sollte.

»Ich warte noch eine Weile«, rufe ich ihr nach, als sie in den Regen hinausgeht. Innerhalb von Minuten wäre ich mangels Schirm noch nasser als ich jetzt schon bin. Es vergeht eine halbe Stunde, bis nur noch einzelne Regentropfen fallen und ich bereit bin, meinen geschützten Platz zu verlassen. Nachdem ich einen Bergpass überwunden habe, hole ich Estella ein und wir gehen vorsichtig einen rutschigen Wirtschaftsweg durch den Wald abwärts. Ein Schild ›Albergue‹ zeigt nach rechts und meinem Plan zufolge soll sich die Pilgerherberge tatsächlich kurz vor *Villaviciosa* abseits des *Caminos* befinden. Estella begleitet mich bei meiner Suche nach der Unterkunft und ich sehe mich in der verlassenen Vorstadtsiedlung um. Ich finde aber keinen weiteren Hinweis zur Herberge. Nach einiger Zeit gebe ich die Suche auf.

»Manchmal sind die Daten nicht aktuell. Manche Unterkünfte schließen, während an anderer Stelle neue eröffnet werden«, erkläre ich ihr.

Über der Stadt wird ein Feuerwerk gezündet. Raketen steigen auf und explodieren mit lautem Knall. Es wird wohl eine Fiesta gefeiert, vermute ich. Doch als wir an einem Plakat vorbeikommen, auf dem für einen heute eröffneten Zirkus geworben wird, verwerfe ich meinen Gedanken an ein großes Stadtfest.

Über eine dicht befahrene Straße erreichen wir *Villaviciosa*. Am Ortseingang fallen mir Wannen aus Beton auf: solche habe ich schon einmal in einer Entsafterei in Deutschland gesehen. Äpfel werden von Streuobstwiesen mit Lastwagen angeliefert, die ihre Ladung in solche Betonwannen abladen. Am Ende eines komplizierten Prozesses entsteht naturtrüber Apfelsaft daraus. Dieser schmeckt jedoch deutlich besser als dieses gewöhnungsbedürftige *Sidra*. Zum Ausgleich ist der deutsche Saft aber doppelt so teuer.

In dieser Stadt wandeln sich die gelben Pfeile des *Camino* in Symbole von Äpfeln, kombiniert mit dreieckigen Wegweisern in Rot. *Villaviciosa* scheint die Hauptstadt des *Sidra* zu sein. Estella verabschiedet sich vor einem vier-Sterne-Hotel, denn hier wäre ein Zimmer für sie gebucht worden. Alleine durchquere ich nun die Innenstadt. Es gibt einige Hotels, doch nur zwei halbwegs preisgünstige. Auf meine Anfrage bekomme ich stets die Antwort, dass alle Plätze schon ausgebucht wären. Estella hätte doch anbieten können, dass ich in ihrem Hotelzimmer auf einer Couch ... nein, das wäre zu viel verlangt. Ich drehe einige Runden in der Kleinstadt, die zwar nicht unattraktiv, aber nicht unbedingt eine Reise wert ist. Die stark befahrene Verkehrsader durch die Stadtmitte zerstört die Idylle der durchaus schönen Grünflächen und attraktiven Parks. Schließlich finde ich eine preisgünstige private Unterkunft, ein Bett in einem Vierbettzimmer. Im Erdgeschoss des gleichen Etablissements befindet sich sogar ein Restaurant, in dem *Menu del Dia* angeboten wird mit Rabatt für Pilger.

Das Menü ist außerordentlich lecker. Paella mit Meeresfrüchten als Vorspeise, gespickt mit besonders vielen Miesmuscheln und als Hauptmahlzeit Dorade frisch aus dem Meer. Ein Gericht, von dem ich seit dem Beginn meiner Wanderung geträumt habe.

Beim Schlemmen beobachte ich die Kellnerin am Nachbartisch, die den Gästen *Sidra* einschenkt. Die Flasche hält sie hoch über ihrem Kopf, das Glas weit unten und verschüttet beim Einschenken mindestens ein Drittel davon. Verwundert sehe ich, wie sich eine Lache zu ihren Füßen bildet. Sie ist entweder völlig besoffen, oder diese Aktion ist beabsichtigt.

Sozialverhalten von Paarhufern

21. August, Villaviciosa → Gijón

Der Schlafsaal mit vier Betten ist spartanisch ausgestattet, das Badezimmer der Etage dagegen geräumig und fast luxuriös. Das einzige Manko sind Fensterfronten rundum. Ohne Vorhänge. Beim Duschen hoffe ich, dass in der Zeit keiner Wäsche auf der Dachterrasse aufhängt und meine morgendliche Waschaktion beobachtet. Zwischendurch klopft immer wieder jemand an die Tür, da es das einzige Badezimmer für alle Schlafsäle ist.

Frühstück ist in diesem *Hostal* inklusive und bietet mehr Auswahl als alle bisherigen Unterkünfte. Müsli gibt es, Brot zum selbst toasten, sowie Kuchen und Muffins. Eine vorzügliche Auswahl für die preisgünstige Pilgerunterkunft.

Ich starte wieder einmal allein, da sich unter den Nachtgästen niemand befindet, den ich auf meiner Pilgertour kennengelernt habe. Am Ortsende von *Villaviciosa* führt ein Wegweiser in Richtung *Covadonga*, dem Heiligtum von Asturien. Es wäre jedoch ein Tagesmarsch dorthin und ein weiterer zurück. Der Umweg passt nicht in meine Planung, so gehe ich daran vorbei. Wenig später treffe ich auf drei Wanderer, mit denen ich mich für einen halben Kilometer zusammentue. An einer Gabelung muss man sich zwischen dem Weg in Richtung *Gijón* und der Variante über *Oviedo* entscheiden.

»Wir gehen in Richtung *Camino Primitivo*«, erklären mir die anderen Rucksackträger. Ich denke einen Moment nach, ob ich ihnen die Wahrheit über diesen Weg erzählen soll. Er ist die reinste Hölle. Man stapft durch überschwemmte Feldwege, es drohen Gewitter und Wolkenbrücke und man überquert die höchsten Bergpässe. An jeder Ecke lauert der Tod. Ich kenne das Gelände von der Winterwanderung sehr gut und würde dieses Wagnis keinesfalls ein zweites Mal eingehen. Jetzt könnte ich diese Pilger warnen und sie vor dem ganzen Drama bewahren.

»Dort war ich schon. Mir hat es nicht gefallen«, sage ich kurz, da es im August vielleicht nur halb so schlimm ist wie im Dezember. Sie lassen sich jedoch nicht von ihrem Vorhaben abbringen und verabschieden sich in Richtung des Höllenpfades.

Mein Weg in Richtung *Gijón* führt stetig bergauf und abermals stelle ich fest, dass Asturien eine besonders alpine Region ist. Fernab der Zivilisation folge ich der Straße in die Höhe, die einen weitläufigen Blick über Wildnis bietet. Nach einiger Zeit hole ich einen einsamen Pilger ein.

»Vor uns befindet sich der höchste Punkt des *Camino del Norte*«, sagt der Wanderer, der sich als Spanier zu erkennen gibt. In dieser Höhe ist ausschließlich Tannenwald zu sehen. Das Klima scheint für Nadelbäume besonders geeignet zu sein.

Als wir die Bergkuppe überquert haben, bietet sich ein atemberaubender Blick. Der Weg vor uns führt in Serpentinen unzählige Höhenmeter abwärts ins Tal. Dahinter erheben sich einige Hügel und in weiter Ferne glitzert der Ozean. So viele Kilometer in die Ferne zu sehen und somit die kommenden Strapazen zu erahnen, wirkt entmutigend. Zunächst geht es nur abwärts. Beim Marsch gebe ich mir Mühe, meinen Blick nicht zu häufig über das Tal hinauswandern zu lassen.

Zwei Stunden später erreichen wir die ersten Zeichen der Zivilisation. Die Anstrengung habe ich von einem Moment auf den nächsten vergessen, als mich zwei Vierbeiner mit großen Augen und langen Ohren anblicken. Sie versuchen, den steilen Hang der Grünanlage emporzuklettern, doch bis zum Zaun schaffen sie es nicht, da das Gelände selbst für Vierbeiner zu unwegsam ist. In der Zwischenzeit hat der Spanier seinen Marsch fortgesetzt, der meine Faszination für die intelligenten Tiere wohl nicht teilt. Nach dem Rendez-Vous mit den beiden Eseln erreiche ich die Siedlung, in der mir eine Herde von Milchkühen entgegenkommt. Diese weichen mir aus und drängen sich mit gesenkten Köpfen an den Wegesrand.

Der Jakobsweg entwickelt sich bisweilen zu einer soziologischen Studie: Nutztiere verhalten sich völlig unterschiedlich. Vielleicht kann man aus der Größe ihrer Augen darauf schließen, ob es sich um neugierige oder scheue Tiere handelt. Pferde oder Esel nähern sich immer neugierig und beobachten mich, während die mit kleinen Augen ausgestatteten Kühe zurückweichen oder sogar die Flucht ergreifen. Außer, sie liegen gerade in der Sonne und faulenzen, da es ihnen viel Mühe zu bereiten scheint, sich zu erheben. Womöglich wissen diese intelligenten Tiere mehr über uns als wir Menschen wir über sie. Die menschliche

Psyche, unsere oft gelobte Intelligenz, ist vielleicht viel trivialer als wir denken und unsere Komplexität vollkommen überbewertet. Nur weil wir als zivilisierte Wesen über alles, was um uns herum passiert, ein Gedankenprotokoll anfertigen, halten wir uns für schlauer als alle anderen Lebewesen.

Als ich mich in diesem Dorf umsehe, finde ich das laut Plan vorhandene Restaurant nicht. Auch eine Einkaufsmöglichkeit fällt aus, da der Laden erst abends öffnet. Mir fällt ein Stein vom Herzen, als ich einen Getränkeautomaten mit Bier entdecke und füttere ihn mit Münzen, worauf er eine eisgekühlte Dose mit dem leckeren Gerstensaft ins Ausgabefach rasseln lässt. Derweil nimmt der spanische Pilger auf der Terrasse vor dem Gebäude Platz. Zum Bier hat er sich einen belegten Sandwich aus dem Münzautomaten besorgt. Besonders lecker scheint dieser seinem Gesichtsausdruck zufolge aber nicht zu sein.

Unterdessen bricht die Sonne aus den Wolken hervor und verbreitet angenehme Wärme. Mit dem Spanier begebe ich mich wieder auf den *Camino*. Wie man zuvor schon sehen konnte, führt er aufwärts.

Am Wegrand weht die asturische Flagge. Ich überlege, was sie bedeuten könnte. Es ist ein gelbes Kreuz auf blauem Hintergrund. Die griechischen Buchstaben Alpha und Omega sind darauf zu sehen. Die Bedeutung ist mir bekannt: der Anfang und das Ende, eindeutige Symbole des Christentums. Daraus interpretiere ich, dass man sich mit diesen Symbolen gerne an die Zeit erinnert, als sich in dieser abgelegenen Gebirgsregion der letzte Widerstand gegen die Mauren formierte und die Reconquista der Legende nach hier ihren Ausgang nahm. Es dauerte zwar Jahrhunderte, doch von Asturien aus eroberten die Christen die ganze Iberische Halbinsel zurück.

Am Rand des Pfades befindet sich ein Wegweiser mit der Aufschrift: ›Camin a Cuadonga‹. Zu diesem letzten Stützpunkt christlicher Rebellen wären es von hier aus sicher mehr als zwei Tagesmärsche, also gehe ich daran vorbei. Den Wegweiser ergänzt ein Symbol, das vermutlich einen rotierenden Kometen darstellen soll und der baskischen Rose ähnlich sieht.

Nachdem ich mit dem Spanier den letzten Hügel überquert habe, sehen wir ein Schild, das mit ›Albergue‹ zur Unterkunft zeigt, die ich für heute ausgewählt hatte. Ein Schild weist zu einem Campingplatz, der wie eine Ansammlung von Schrebergärten wirkt und in dem sich Wohnwagen an Wohnwagen reiht.

»Es gibt hier Hütten für Pilger«, erklärt der Spanier und geht voraus. Was mir auf den ersten Blick nicht gefällt: hier gibt es nur den Campingplatz und sonst gar nichts. Ein Platz zum Schlafen ist Okay, aber nicht, wenn andernorts das spanische Nachtleben lockt. Nach einem kurzen Blick auf meinen Plan entscheide ich mich spontan, den Weg fortzusetzen. Zur größten Stadt Asturiens, in der sich ebenso eine Unterkunft befindet, fehlen nur noch fünf Kilometer. Notfalls könnte ich später zurückkommen, um hier einen Platz zu suchen.

Was anfangs als Turm auszumachen ist, wird zu einem beeindruckend mächtigen Gebäude. Der *Camino* führt nicht direkt dorthin, sodass ich den gigantischen Bau nur aus der Distanz sehe. Eine lange Hausfront mit einem Kuppelbau, über den sich der weithin sichtbare Turm erhebt. Das Ensemble stellt den größten Gebäudekomplex Spaniens dar. Welche Blüten an Gigantismus die Franco-Diktatur entfaltet hat, zeigt sich an diesem Gebäude, das ursprünglich dem Zweck diente, seine Bewohner katholisch zu erziehen. Die sogenannte *Universidad Laboral* ist nur etwas kleiner als der Flughafen Tempelhof, das seinerzeit weltgrößte Gebäude. Nach dem Ende der Diktatur entfiel der Verwendungszweck, systemtreue kleine Francos aufzuziehen und die verlassenen Hallen verkamen zur Ruine, bis der pharaonische Riesenbau zum Jahrtausendwechsel wiederentdeckt wurde. Heute wird das Gebäude als kulturelles Zentrum genutzt.

Ich erreiche Vorstadtsiedlungen, die unerwartet mit prächtigen Villen und gepflegten Gärten aufwarten. Dem *Camino* zu folgen wird schwieriger, da kaum Markierungen zu finden sind. Hier und dort erkundige ich mich nach dem Weg in die Innenstadt und mir fällt auf, dass *Gijón* deutlich größer ist als *Oviedo*, die Hauptstadt der Region. Die Wanderung an der langen Promenade oberhalb des Strandes versetzt mich in Euphorie. Ein fast endloser Sandstreifen, an dem sich braungebrannte Strandnixen ebenso sonnen wie Familien mit Kindern. An den Treppen, die hinabführen, gehe ich vorbei, denn erst, wenn ich einen Platz in einer Unterkunft gefunden habe, will ich mir dieses Vergnügen gönnen. In einer Touristeninformation berät mich eine nette Dame, wo ich übernachten könnte: sie nennt mir einige Hotels, in denen man Zimmer für erschwingliche Preise finden würde und kreuzt auf dem Stadtplan unter anderem ein Gebäude mit der Bezeichnung *Residencia* an. Nur 15 Euro würde dort ein Zimmer kosten, erzählt sie mir. Dieses läge genau im Zentrum. Auf meine Frage nach der Jugendherberge markiert sie eine Stelle weit außerhalb der Stadt. Eine Übernachtung dort wäre zwar günstig, aber die Herberge befindet sich ganz am Stadtrand.

Ich folge dem Stadtplan und wandere gepflasterte Fußwege auf und ab, finde aber diese *Residencia* nicht. Daher klappere ich alle Hotels ab. Erst die günstigen, die jedoch alle ausgebucht sind, bis nur ein Zimmer für 75 Euro und ein anderes für 95 Euro bleibt. Ich gebe die Suche auf. Da ich weder Lust auf die Jugendherberge am Stadtrand, noch auf ein teures Hotel habe, erkunde ich die Umgebung, um für die kommende Nacht einen Platz unter freiem Himmel zu finden. Als ich von der Promenade hinabblicke, bemerke ich zu meiner Überraschung, dass der Strand komplett verschwunden ist. Die Treppen, die hinabführen, werden von Wellen überspült. Die Gezeiten machen mir einen Strich durch meinen Plan B. Daher kehre ich zurück in die Altstadt. Notfalls zahle ich eben diesen Wucherpreis für eine Nacht. Als ich umherirre und einem älteren spanischen Paar begegne, frage ich sicherheitshalber nach und zeige ihnen den Stadtplan. Sie scheinen überraschenderweise die *Residencia* zu kennen und beschreiben mir den Weg durch die Fußgängerzone. An einer römischen Mauer vorbei, bis zu einem Platz, an dessen linker Seite befände sich die Unterkunft. Mit neuer Hoffnung begebe ich mich auf die Suche. Hinter einer Plexiglaswand erkenne ich die Ausgrabungsstelle und den genannten Platz finde ich auch, aber nicht diese *Residencia*. Ich wandere zurück und erreiche von der anderen Seite erneut den gleichen Platz, doch bei der genannten Adresse ist nur eine Eisdiele zu sehen. Daneben sehe ich eine geöffnete Tür und trete ein, um mich nach der Unterkunft zu erkundigen. Dem Ambiente nach ist es eine Einrichtung für Studenten und Künstler. Die Wände sind dekoriert mit Malereien, hier und dort sind Skulpturen aus Pappmaché aufgestellt. Zu meiner Rechten befindet sich ein Empfangstisch. Ein alternativ aussehender Mann lächelt mich freundlich an.

»Willkommen in der Residencia«, begrüßt er mich.

Verblüfft schaue ich ihn an. Wie kann man eine Unterkunft im Zentrum einer Stadt derart gut verstecken? Kurz betrachte ich die Pinnwand mit Postkartengrüßen aus aller Welt.

»Kann man bei Ihnen übernachten?«, unterbreche ich mein Schweigen. »Und wie viel kostet es?«

»Ein Zimmer gibt es für 15 Euro. Frühstück ist inklusive. Bis 12 Uhr.« Er inspiziert seine Liste. »Es gibt noch Platz. Schau dir das Zimmer an und entscheide, ob du es haben willst. Komm mit.«

Er führt mich in den hinteren Teil des Gebäudes, geht die Treppe hinauf und öffnet eine Tür.

»Das wäre das Zimmer. Du hättest es für dich allein. Ist es Okay?« Er händigt mir einen Schlüssel aus. »Du kannst dir für die Enscheidung Zeit nehmen. Ich bin unten an der Rezeption.«

Als er verschwunden ist, kann ich kaum glauben, was ich sehe. Das Zimmer ist unglaublich. Geräumig und blitzsauber. Tipp-Topp ist nur eines. Es gibt einen Schrank, in dem ich meine Sachen einmal ordentlich verstauen könnte. Eine Arbeitsecke mit Schreibtisch, über dem ein großes Foto die *Golden-Gate Brücke* zeigt. Ein eigenes Badezimmer, das erste auf dem *Camino* überhaupt. Es könnten sogar zwei Personen hier übernachten, da sich ein Stockbett im Raum befindet. Falls ich abends eine nette Spanierin kennenlernen sollte, könnte ich sie mitnehmen und mit der luxuriösen Unterkunft beeindrucken. Das Beste am Ganzen ist, dass diese im Zentrum der Altstadt liegt, mitten im Geschehen. Alle Bars und Restaurants befinden sich in der unmittelbaren Umgebung. Für nur 15 Euro. Ich habe einen Zimmerschlüssel, die *Residencia* ist 24 Stunden geöffnet und ich kann zu jeder Uhrzeit zurückkehren. Mir ist nach Feiern zumute. Heute werde ich mich ausgiebig der Fiesta widmen. Bis zum Umfallen werde ich bis zum Morgengrauen Party machen, nehme ich mir vor. Nachdem ich dem netten Menschen am Empfang bestätigt habe, dass ich dieses Zimmer unbedingt haben wollte, wandere ich durch die Stadt. Es gibt einen merkwürdigen Laden für Touristen: im Schaufenster tanzt eine Kuh, die anzüglich ihre Hüften schwingt und ihr Euter so präsentiert, dass es fast pornographisch ist. Es werden T-Shirts, Kaffeetassen und allerlei Nippes angeboten. Alles bedruckt mit der Kuh. Nicht das Passende für mich, wenig später jedoch halte ich bei einem Chinesen. Dort wird so ziemlich alles verkauft, was

124

billig ist, daher sehe ich mich in dem Laden um und finde endlich das, wovon ich schon lange geträumt habe: ein Handtuch mit der spanischen Flagge und einem schwarzen Stier. Das Tuch ist so groß, dass ich es auch bei meiner nächsten Übernachtung am Strand oder auf einer Parkbank als Überdecke verwenden könnte. Die nächste Nacht, die ich im Freien schlafe, wird damit deutlich angenehmer werden. Zusätzlich nehme ich noch eine billige Strandmatte mit und schaue mich nach einem Platz in der Sonne um. Da der Strand, an dem ich zuvor vorbeigekommen war, mittlerweile völlig überspült ist, begebe ich mich zur westlichen Seite des Stadtzentrums. Am Ende des Hafens, an dem zahllose Segelyachten vor Anker liegen, entdecke ich eine Sandfläche, an der ich meine 1 Euro Strandmatte gleich ausprobiere. Entspannt genieße ich die letzte Wärme, bis sich die Sonne dem Horizont nähert und verlasse als letzter den Strand.

Um die Nacht, die vor mir liegt, möglichst lange durchstehen zu können, tanke ich in den verbleibenden Stunden Energie in meinem Luxuszimmer.

Es ist 22 Uhr und Zeit, mich ins Nachtleben zu stürzen um zu sehen, was die Spanier so treiben. In direkter Umgebung der Unterkunft befinden sich zahlreiche Restaurants, Menschen drängen sich dicht an dicht. Ich begebe mich zu einem belebten Platz mit einer Steintreppe, auf der einige Gruppen sitzen und sich mit *Sidra* verköstigen. Dies wäre eine Möglichkeit, um mich unter das Volk zu mischen. Da mich der Geschmack des Apfelgetränks bisher nicht überzeugt hat, besorge ich mir in einer Bar ein Bier, setze mich auf die Treppe und warte ab, was passiert. Jedes Mal, wenn ich in Spanien abends alleine unterwegs war und feiern wollte, begannen die Abende immer so. Erst einsam. Doch wenn man irgendwo länger herumsitzt, lernt man meistens Leute kennen, Pilger oder spanische Studentinnen, mit denen man bei Fiesta die Nacht zum Tag macht. An diesem Platz sind es primär Jugendliche, die unter sich bleiben. Hier scheint es nicht zu funktionieren und es ist an der Zeit, die Lokalität zu wechseln. In der Straße, die zum Hafen hinabführt, sehe ich eine Reihe alternativer Kneipen, vor denen sich einige Leute versammeln. Diese sind ungefähr in meinem Alter und es wäre der passende Ort für einen zweiten Versuch, Leute kennenzulernen. In einer Bar besorge ich mir ein Bier, setze mich auf eine Mauer und beobachte, wie einige Leute die Straße herunterkommen. Nach einer Weile erscheint ein südamerikanisch aussehender Mann. Seiner Tasche nach zu urteilen, die nach einem Behältnis für ein Instrument aussieht, scheint er Musiker zu sein. Erschöpft setzt er sich auf die Mauer. Vermutlich hat er den ganzen Tag irgendwo Touristen belustigt und jetzt Feierabend. Geistesabwesend kramt er Papier und Tabak hervor und streut trockenes Kraut hinein. Daraus dreht er sich eine Zigarette und kurz darauf riecht es nach Haschisch.

»Ist dies eine Gitarre?«, frage ich. »Bist du Musiker?«

Er nickt träge, öffnet seine Tasche, zieht das Instrument heraus und zupft an den Seiten. Plötzlich scheint seine Müdigkeit zu verfliegen und er beginnt in dem Stil spielen, der mich an die *Gipsy Kings* erinnert. Nachdem er seinen Joint fertig geraucht hat, singt er dazu. Langsam beginnt der Abend interessant zu werden. Er ist Vollblutmusiker und nach seinem Erscheinungsbild zugleich Überlebenskünstler. Er wird immer mehr zur Attraktion und bald haben sich viele Leute auf der Straße versammelt, die seiner Musik lauschen. Eine Gruppe junger Männer, die italienisch aussehen, wippen mit dem Fuß und singen mit. Ich will dem Musiker eine Gegenleistung für seine Unterhaltung bieten, eile zur Bar und besorge ein Bier. Dankbar nimmt er es entgegen, wirkt jedoch nicht überrascht. Das bringt mich zu der Vermutung, dass es üblich ist, Straßenmusikern abends etwas zu spendieren.

Einer der mutmaßlichen Italiener fragt, ob er sich auch auf dem Instrument versuchen dürfte. Bereitwillig reicht der Gitarrenspieler ihm sein Instrument. Nach ein paar Tönen hält der andere inne.

»Es fehlt die erste Saite«, kommentiert er und betrachtet verdutzt die Gitarre. »Wie kann man mit so einem Ding spielen?« Nachdenklich betrachtet er das Stück Holz, das unter die Saiten geklemmt ist und grinst. Der Besitzer der Gitarre hatte wohl etwas improvisiert, was mir als Laien unverständlich ist, aber zu funktionieren scheint.

»Interessante Lösung für die fehlende Saite!« Er lacht und beginnt, mir bekannte italienische Lieder zu spielen wie *Volare, L'Italiano*, zu dem er und seine Begleiter singen, während der eigentliche Musiker beim zweiten Joint entspannt. Auf der Straße hat sich mittlerweile eine ganze Schar Zuhörer versammelt und es entwickelt sich eine ausgelassene Stimmung. Ich beginne, diese Stadt zu lieben. Sie liegt zwar nicht am

126

Mittelmeer, doch an diesem Abend entfaltet sich mediterranes Flair, das von Südländern besungene *Vida Loca*.

»Wie gehen noch in eine Disco. Komm mit!«, sagt der Musiker zu mir, nachdem er seine Gitarre zurückbekommen hat. Ich folge ihm und bemerke überrascht, dass sich die zuvor unbelebte Gasse mittlerweile zur Partymeile entwickelt hat. Es gibt drei Diskotheken direkt nebeneinander. »Besorge mir noch ein Bier«, fordert er mich auf.

Seiner Bitte komme ich gerne nach, da er mich den ganzen Abend bestens unterhalten hat. Erst bin ich skeptisch, ob ich nicht mit meinen Sandalen den Türsteher verärgern würde. In vielen Clubs wird man abgewiesen, wenn man nicht das passende Schuhwerk trägt, seien es Turnschuhe oder ungepflegte Treter aus Leder. Was normalerweise gar nicht geht, sind solche abgetragenen Sandalen, die meine Füße bekleiden. Doch in Begleitung des Musikers drückt der Security-Mann beide Augen zu und wenig später ist der Gitarrenmann versorgt.

Als ich mich später vor dem Gebäude umschaue, sehe ich, dass mein Musikerfreund zwischenzeitlich neuen Anschluss gefunden hat, da er sich angeregt mit vielen netten Damen unterhält. Neben dem Club gibt es zwei weitere Diskotheken, in denen ich noch viele Stunden verbringe, bis mir meine Augen fast zufallen. Bevor die Sonne aufgeht, wird es Zeit, mich auf den Rückweg zu machen. Tatsächlich ist meine Unterkunft auch um diese Zeit noch geöffnet und kurz vor fünf Uhr falle ich auf mein Bett im Luxuszimmer. Alles dreht sich, die Nebenwirkung von zu viel Bier. Dies war ein gelungener Abend.

Lebendige Geschichte

22. August, Gijón

Von meinem Stockbett aus sehe ich durch das Zimmerfenster die belebte Fußgängerzone. Zur Hälfte schlafe ich meinen Rausch aus, zur anderen Hälfte meldet sich der wache Teil meines Gehirns. Es ist fast 12 Uhr und Zeit, etwas zu unternehmen. Angeblich würde es noch Frühstück geben, wenn ich das mit der Uhrzeit nicht missverstanden habe. Die Straße vor der römischen Stadtmauer wird immer belebter und rüttelt den noch schlafenden Teil meines Gehirns wach. Nach einer hastigen Dusche begebe ich mich in den unteren Saal.

»Du kannst dir Brot toasten und bei den Thermoskannen gibt's Kaffee. Wenn du noch weiteres brauchst, gib einfach Bescheid.« Der Mann am Empfang lächelt mich freundlich an.

Ich bin beeindruckt. Zur Mittagszeit gibt es tatsächlich noch Frühstück. Die Unterkunft scheint auf den komplizierten Lebensstil von Studenten ausgerichtet zu sein und ist besser als jedes Hotel. Nach dem Schlemmen gehe ich zurück ins Zimmer, um mich noch ein paar Stunden aufs Ohr zu legen.

Am späten Nachmittag begebe mich auf eine Sightseeing-Tour. Die Altstadt ist eine Halbinsel, so beginne ich meinen Stadtrundgang an der Küste. Das nördliche Ende ist als Park angelegt, dort befinden sich Pforten in eine Art Bunker, der jedoch verschlossen ist. Auf dem höchsten Punkt thront eine Betonskulptur in Form eines stilisierten Kopfes, der auf den Ozean hinausblickt. Mit dem Meer im Rücken habe ich Blick auf einen Skaterplatz, der sich neben antiken Ruinen befindet. Beim Rundgang über die Promenade an der Küste wirkt *Gijón* wie ein Eldorado aus historischen Bauwerken und Ruinen. Die Statue des römischen Kaisers Augustus schmückt den Platz vor einer Kirche, das Markanteste in der Altstadt aber ist ein prächtiger Palast aus dem 16. Jahrhundert, der im Stil einer Burg erbaut ist. Zahllose Touristen tummeln sich davor, die sich mit dem Gebäude im Hintergrund ablichten lassen. An dem Bauwerk weist eine Plakette darauf hin, dass darunter Reste von römischen Thermen entdeckt wurden. Davor befindet sich ein stilvoller Brunnen, auf dessen Podest in der Mitte sich eine übermächtige Figur in die Höhe reckt. *Rex Pelagius* - König *Pelagius*, die vielleicht wichtigste Figur der spanischen Geschichte. In Ritterrüstung gekleidet, hält er mit stolzer Miene das christliche Symbol in die Höhe. Es wirkt, als würde er sich mächtigen Dämonen entgegenstellen, beziehungsweise den Mauren, die in seiner Zeit die gesamte Iberische Halbinsel beherrschten, bis auf ein kleines asturisches Widerstandsnest im Norden. Einerseits ist die Legende grandios: ein kleines Dorf, das sich erfolgreich gegen eine Weltmacht wehrt. Dennoch ist kaum zu bestreiten, dass die Mauren eine fortschrittliche Kultur und Kunstfertigkeit ins Land brachten, die man besonders in *Cordoba* und *Grenada* bewundern kann. Ihr kultureller Einfluss prägte die Entwicklung weiter Teile Europas und brachte neue Bautechniken, mit denen die Errichtung der mächtigen Kathedralen erst möglich wurde. Die maurische Kultur fand ihren Niedergang durch eine aus dem Süden eingewanderte radikalisierte moslemische Dynastie, die sich bei inneren Machtkämpfen zersplitterte, während das Christentum die Vormachtstellung in Europa entwickelte. Das Christentum breitete sich im Laufe vieler Jahrhunderte von Asturien über die Iberische Halbinsel aus und so lässt sich auch die auffällige Präsenz der spanischen Flagge in dieser Autonomieregion erklären. Asturien sieht man vermutlich als die Wiege Spaniens.

Nach der kulturellen Überdosis zieht es mich an den Strand. Meine Rüstung ist die Sonnencreme, mein Schild die Strohmatte und das Handtuch auf dem Kopf hält das grelle Licht ab. Es fehlt nur ein Mittel gegen die aufdringlichen Ameisen. Leider fällt mir nichts Vernünftiges ein, um mich gegen eine so gut aufgestellte Armee zu wehren, sie sind perfekt organisiert und zu viele. Vielleicht sind die Biester ehemalige römische Legionäre, die vom Zauberer Merlin verkleinert wurden, um bis in alle Ewigkeit Badegäste wie mich zu piesacken. Oder sie hatten schlechtes Karma gesammelt und wurden als niedere Lebensform wiedergeboren.

Ich kann den Anbruch der Nacht kaum erwarten und verbringe die Zeit in meinem Komfortraum damit, mein Tagebuch zu aktualisieren und nutze die Gelegenheit, dass es gratis-WLAN direkt im Zimmer gibt. Als die ersten Nachtschwärmer vor dem Fenster vorbeilaufen, hält mich in der Unterkunft nichts mehr. Nach einer abendlichen Tour durch die belebten Straßen der Altstadt begebe ich mich zu den Diskotheken des

Vortages. Mein Musikerfreund vom Vortag ist auch unterwegs und wirkt stark angeheitert. Von seiner Fangemeinde wurden ihm wohl zu viele Getränke spendiert, sodass er sich an der Hauswand festhalten muss, um nicht umzufallen, während er mit einer Gruppe spanischer *Chicas* plaudert. Ich winke ihm zu, er grüßt kurz zurück, scheint mich aber nicht wiederzuerkennen. Für einen Straßenmusiker basiert das Sozialleben wohl auf kurzlebigen Bekanntschaften.

Gigantismus

23. August, Gijón → Avilés

Nach einer zweiten durchzechten Nacht nötigt es mir einiges an Disziplin ab, mich zum Aufstehen zu bewegen. Der Dämon, der sich mit dieser lebhaften Stadt angefreundet hat, will die Nächte bei endloser *Fiesta* verbringen und kämpft mit dem Pilger, der den Weg fortsetzen muss. Letzterem ist bewusst: falls er noch einen weiteren Tag in *Gijón* festhängen würde, würde er aus der Stadt der Sünde mit ihren zahllosen Bars, Gitarrenspielern und liebreizenden *Chicas* niemals mehr herausfinden.

Schlaftrunken verstaue ich meinen Kram im Rucksack und gehe die Treppe hinab in die Halle, in der ein Tisch gedeckt ist mit Toast, Marmelade, Kaffee und Muffins. Beim Frühstück komme ich mit einer älteren Spanierin ins Gespräch und erfahre, dass sie eine ehemalige Krankenschwester und mittlerweile in Rente ist.

»Die meisten denken, wir Spanier wären besonders gläubig«, gibt sie mir Einblick in ihre Kultur. »Dies sind wir gar nicht. Wir lieben die Fiesta. Diese religiösen Feste sind Gelegenheiten, bei denen wir ausgiebig feiern können. Ob es etwas mit der Kirche zu tun hat, ist uns egal.«

Bei der interessanten Konversation werde ich langsam wach. Die spanische Religiosität ist ihrer Meinung nach die Gelegenheit, sich zu amüsieren. Somit unterscheiden diese sich nicht wesentlich von uns Deutschen, auch wenn manche von uns etwas konservativer sind. Die Spanier sind offensichtlich nicht immer Katholiken aus Überzeugung. Das nehme ich mit auf den Weg.

Gijón, oder *Xixón* in baskischer Schreibweise, ist weitläufig und lange wandere ich durch die Vorstadt. In einem Schaufenster sehe ich eine Einschenk-Puppe, die mich an die Bedienung in *Villaviciosa* erinnert. Offensichtlich war die Dame nicht besoffen, als sie die Hälfte auf den Boden schüttete. Es war vollendete Kunst, die Flasche *Sidra* hoch über dem Kopf zu halten, das Glas auf Kniehöhe und dabei einzuschenken.

Die Schönheit des Ortes verliert sich, als ich den Rand des Stadtgebiets erreiche. Es ist der Beginn eines riesigen Industriegeländes mit einer alten rostigen Fabrik. Der *Camino* führt unter Röhren und Laufbändern hindurch, auf denen Gesteinsbrocken oder Kohle transportiert werden. Es bestätigt sich, dass Eisenproduktion an der Nordküste ein wichtiger Wirtschaftsfaktor ist. Ob hier die Schwerindustrie noch profitabel ist, wäre eine interessante Frage. Es wäre möglich, da die Löhne in Nordspanien so niedrig sind, dass man noch einige Zeit der Konkurrenz aus China und Indien trotzen könnte.

Während *Gijón* eine traumhafte Stadt mit einer hohen Lebensqualität war, erregen die Siedlungen hinter der Eisenfabrik bald mein Mitleid mit denen, die hier wohnen müssen. Es ist eine der miserabelsten Gegenden, die ich je betreten habe. Das Scheppern der Fabrik ist kilometerweit zu hören und besonders intensiv nimmt man den Lärm auf diesem Anstieg wahr, der beiderseits von heruntergekommenen Häusern gesäumt ist. Dazu mischt sich ein Knattern, das immer lauter wird. Abrupt braust ein Motorrad an mir vorbei, das die Straße mit einer Abgaswolke benebelt. Wenig später kommt der Biker wieder zurück, und braust noch ein paarmal an mir vorbei. Das Gedröhne schmerzt in den Ohren und ich bin froh, als ich die Siedlung samt nervigem Motorradfahrer hinter mir gelassen habe.

Bis auf das Zirpen von Grillen ist nach einer Weile nichts mehr zu hören. Die wenig abwechslungsreiche Landschaft zieht sich in die Länge und da es mir zu ruhig geworden ist, setze ich meine Kopfhörer auf und drehe die Musik lauter, um mich in die *Fiesta* von *Gijón* zurückzuversetzen.

Als ich »Vamos a la Playa« das dritte Mal in voller Lautstärke höre, kommt ein Auto auf mich zu. Der Fahrer streckt seinen Kopf zum Fenster hinaus und spricht mich an.

»Plopp!«, ist das Einzige, was ich höre, als ich meine Kopfhörer aus den Ohren ziehe. Ich bitte ihn, seinen Satz zu wiederholen.

»Kommen Sie von der archäologischen Stätte?«, meine ich zu verstehen. Möglicherweise habe ich seine Worte verstanden, aber nicht ihren Sinn.

»Nein«, antworte ich, worauf er kurz nickt und davonfährt.

An der nächsten Abzweigung sehe ich neben dem gelben Pfeil ein Schild mit der Aufschrift ›Dolmen‹. Das weckt in mir die Hoffnung, dass ich auf dieser Etappe etwas Interessantes zu sehen bekäme. Dolmen sind uralte Megalithbauten aus der Steinzeit. Oft wird darüber diskutiert, ob Titanen die tonnenschweren Steine vor vielen zehntausend Jahren aufgestellt haben oder ob es das Werk von Außerirdischen war. Vielleicht sind es Relikte einer vergangenen Kultur, die hundertmal fortschrittlicher war als unsere heutige Zivilisation.

An der nächsten Kreuzung zeigt der Wegweiser ›Dolmen‹ nach links, doch der *Camino* verläuft weiter geradeaus. Ich entscheide mich für den Umweg, da ich etwas Unglaubliches zu entdecken hoffe. Vielleicht die Überreste der versunkenen Stadt Atlantis.

Der Megalithbau, den ich mir versprochen habe, befindet sich weiter abseits, als ich gehofft hatte. Nach vielen Wegbiegungen und kurz, bevor ich mich endgültig entschlossen habe, umzukehren, erreiche ich ein Ausgrabungsgelände, das wie ein Park gestaltet ist. Auf einer Tafel betrachte ich einen Plan, auf dem drei Fundstellen eingezeichnet sind. Ich inspiziere zwei grasbewachsene Erdhügel, die wenig größer sind als die Bauwerke von Maulwürfen. Das war es auch schon. Die dritte Fundstelle wirkt vielversprechender, denn hier liegt die Grabung frei und unter dem Erdhügel kann man in eine Vertiefung blicken. Funkelnde Diamanten, Goldstücke oder Skelette hoffe ich zu entdecken, vielleicht eine juwelenbesetzte Krone oder antike Schriftrollen. Leer. Schade. Falls etwas darin gelegen haben sollte, hat es offensichtlich schon jemand mitgenommen. Außer dem klaffenden Loch entdecke ich nichts. Ob es ein steinzeitliches Grab gewesen sein könnte, vermag ich nicht zu erkennen. Womöglich fehlt mir der geschulte Blick aufs Wesentliche, um in diesem Erdloch etwas Geschichtliches zu erkennen. Enttäuscht mache ich mich auf den Rückweg und folge dem ursprünglichen Pfad. Nach einer Wegbiegung treffe ich auf einen Pilger, der im Schatten am Wegrand sitzt und Erdnüsse knabbert. Als ich vorbeigehe, springt er auf und beendet seine *Siesta*. Der erste Pilger, dem ich seit meinem Aufbruch in *Gijón* begegnet bin, schließt sich mir an. Er ist sehr gesprächig und so erfahre ich, dass er aus Argentinien kommt, in Madrid im Frühjahr sein Studium beendet hat und die Zeit bis zu seiner Abreise für eine Wanderung auf dem Jakobsweg nutzt. Er hätte in Madrid eine Partnerin, der er noch nicht offenbart hätte, dass er sich nach seinem Urlaub wieder in seine Heimat begeben würde.

Wenig später erreichen wir das erste Haus einer Siedlung. Eine Wanderin unterhält sich mit einer Frau hinter dem Zaun, auf die mein neuer Begleiter sofort zugeht, um sich dem Gespräch anzuschließen. Ich bekomme anhand deren Gestik mit, dass es um die künstlerisch gestaltete Vogelscheuche im Garten dreht, um Blumenrabatten und Rosen, die an einer Gartenlaube ranken. Es folgt überschwängliches Lob über den Schnitt der Obstbäume und das Kräuterbeet. Ich höre geduldig zu, verstehe jedoch kaum etwas von dem, was mich vermutlich auch kaum interessieren würde und werde ungeduldig. Es scheint, dass es primär um Konversation geht und weniger um wichtige Dinge. Auf manche wirkt die spanische Sprache offensichtlich wie eine Droge. Nach einer halben Stunde erkläre ich meiner Pilgerbegleitung, dass ich den Weg fortsetzen würde. Im Hintergrund höre ich die drei weiter diskutieren, bis sie in der Ferne verstummen.

Vor mir öffnet sich ein grünes Tal, das mich das Bild der durch Industriebauten verschandelten Umgebung von *Gijón* bald vergessen lässt. Rot leuchtende Dächer in einer weitläufigen Graslandschaft wirken wie ein Gemälde. Durch die kunstvolle Bilderbuchlandschaft geht es abwärts und wieder bergauf, es folgt eine Ebene der wahren Idylle, die durch nichts getrübt wird außer der Präsenz ferner Schornsteine, aus denen helle Dampfwolken emporsteigen.

Der besinnliche Weg auf der Landstraße endet abrupt und es folgt ein sumpfiges, von Brombeerranken überwuchertes Gelände, das auf eine dicht befahrene Straße führt. Die letzten Kilometer zum Ziel erweisen sich als einer der unattraktivsten Abschnitte des *Caminos*. Das gehört dazu. Die Welt ist nicht immer schön. Erst diese riesige Chemiefabrik *Fertiberica*, die sich auf der linken Seite befindet, wenig später eine gigantische Fabrik auf der rechten Seite. Es ist ein Hüttenwerk mit einem eigenen Güterbahnhof. Kilometerweit ist Scheppern zu hören, zwischendurch das Quietschen eines Güterzugs. Vor dem Gebäude beobachte ich einen Bagger, der Stahlplatten von einem Stapel hebt und mit ohrenbetäubendem Lärm in einen Lastwagen wirft, der unter dem Gewicht bedrohlich schwankt. Von diesem wird das beständige Knallen verursacht. Lärm der Industrie gehört zum *Camino* wie die Idylle. Wenn ich nach Megalithbauten gesucht haben sollte – mit den riesigen Fabriken habe ich sie gefunden. Ich bin froh, als ich das Industriegebiet hinter mir gelassen habe und den Rand einer ruhigen Großstadt erreiche. Vielleicht wirkt sie nur so ruhig aufgrund des vorhergehenden Lärms. *Avilés* ist anfangs nur als Messegelände zu erkennen, das aus futuristischen Kuppelbauten, einem Turm und einem Riesenrad besteht. Die Stadt profitiert offensichtlich von den gigantischen Fabriken.

Der *Camino* verläuft am Hafen entlang. Meine Suche nach der Herberge von *Avilés* bleibt anfangs erfolglos und führt mich in ein Touristenbüro, in der ich einen Stadtplan erhalte. Die Angestellte erklärt, dass der Weg zur Pilgerherberge nicht ausgeschildert ist. Dank des Plans finde ich die versteckt liegende Herberge aber und als ich eintrete, sehe ich, was ich kaum mehr zu hoffen gewagt hatte. Bekannte Gesichter. Es sind die Pilger aus Leipzig und der Engländer Cedric, der sich ihnen angeschlossen hatte. Die dritte Leipzigerin erzählt, sie hätte einiges Spannendes erlebt, seit sie mit dem Zug hier angekommen ist. Nach zwei Tagen Rast in *Avilés* hätten sich ihre angeschwollenen Füße so erholt, dass sie weiterwandern könnte.

In der Altstadt finden Festivitäten statt. Eine Volksmusikgruppe spielt auf, dazu werden Tänze gezeigt und im Anschluss beginnt eine Gruppe von Nachwuchsmusikern zu rappen. Die Aufführungen sind von solcher Qualität, dass man sich nur als Freund oder Verwandter der Darsteller begeistern kann. Am anderen Ende der Altstadt erreichen wir eine Bühne, auf der ein Mann in Priestergewand zwei Dutzend Sänger dirigiert, die fromme Gesänge vortragen. Nach kurzem Verweilen setzen wir unseren Weg fort. Auf den Straßen sind Menschenmassen unterwegs und viel Programm wird geboten, aber wenig, was zu unserem Geschmack passt. Wir kehren in die Unterkunft zurück und nutzen den Nachmittag zum Wäschewaschen.

Abends sehe ich mich auf dem Messegelände um. *Centro Oscar Niemeyer* nennt es sich. Entgegen meiner Vermutung ist es kein Deutscher, nach dem das Areal benannt wurde, sondern ein brasilianischer Architekt, der das stolze Alter von fast 105 Jahren erreicht hat. Mittlerweile ist es zu spät, um ein Gebäude von innen besichtigen zu können und daher kann ich nicht beurteilen, ob sich darin außergewöhnliche Ausstellungen befinden. So bleibt mir nur, die futuristischen Gebäude, die ich zuvor aus der Ferne gesehen habe, aus der Nähe zu betrachten. Von der Perspektive sind sie nun größer. Mehr nicht. Vielleicht bin ich ja ein Kulturbanause.

Restaurants mit Pilgermenüs sind nicht zu finden, dafür ein großer Supermarkt, in dem ich mir Bier, Baguette und eine große Portion *Cabrales* besorge, diesen sehr würzigen Käse, den ich zuvor bei anderen Pilgern von der Menüplatte kosten durfte. Er ähnelt *Roquefort*, ist vom Geschmack noch etwas schärfer. Seinen Namen hat der Käse von der Gemeinde *Cabrales* in Asturien und nicht, wie man vermuten würde, von *Cabra*, dem spanischen Wort für Ziege. Ich vermute aber, der Ort wurde so genannt, weil man dort Ziegen hält.

Nachts liegt der Käse wie ein Bleibarren in meinem Magen. *Cabrales* ist zwar lecker, aber schwer verdaulich.

Start mit Hindernissen

24. August, Avilés → Santa Maria del Mar

In bester Laune starten wir auf den *Camino*. Die drei Pilger aus Leipzig, der Engländer und meine Wenigkeit wandern bei wolkenlosem Himmel in die Morgendämmerung. Als wir den Marktplatz von *Avilés* erreichen, beschließen wir, uns mit Kaffee auf das kommende wunderbare Pilgererlebnis einzustimmen. Die dritte Leipzigerin wird nervös, als sie nach ihrer Geldbörse sucht. »Wartet kurz«, bittet sie und kramt in ihrem Rucksack. Sie sucht eine Weile und verkündet nach einiger Zeit mit blassem Gesicht: »Mein Portemonnaie ist weg!«

Die gute Laune weicht Besorgnis, da sich darin nicht nur ihr Geld, sondern alle Ausweise befunden haben. Es ist die einzige Situation, vor der ich mich während meiner Pilgertour gefürchtet hatte, mit der sie nun konfrontiert ist. Auch nach der Rückkehr zur Herberge bleibt die Suche erfolglos, auf und unter den Betten findet sich nichts. Der nächste Plan ist, systematisch den Weg abzuklappern.

»Zuletzt hatte ich die Börse verwendet, als ich gestern bei den Marktständen war«, erinnert sie sich.

Die Stände sind noch verschlossen und mit Planen verdeckt. Wir warten, bis die ersten Verkäufer auftauchen. Ole kümmert sich darum, die Händler zu befragen, während ich mit Cedric auf den Steintreppen vor der Kirche sitze und warte. Unser beider Sprachkenntnisse wären keine große Hilfe. Ein Verkäufer bietet uns Instant-Kaffee an, während er seinen Stand für die Kunden vorbereitet.

Der Geldbeutel bleibt verschollen. Ein kleiner Lichtblick ist, dass sie ihre Ausweise als Ersatz für den Notfall kopiert hatte, der nun eingetreten ist. Mit diesen Kopien sucht Ole mit ihr eine Polizeistation auf und mehr als eine Stunde bleiben sie verschwunden. Um die Wartezeit zu überbrücken, spielt Cedric auf seiner Gitarre. Derweil schaue ich mir die Sehenswürdigkeiten in der direkten Umgebung an, zu denen ich Informationen im Tourismusbüro erhalten hatte. Ich beginne mit der Kirche am Marktplatz. Beim Rundgang in dem sakralen Gebäude entdecke ich einen Zugang zu den Katakomben. Als ich hinabsteige und die Grabkammern besichtige, höre ich Musik, die durch einen Schacht eindringt und widerhallt. Es ist interessant, Cedric hier unten zwischen den Toten zu hören. Ich hoffe, sie wachen nicht auf.

Der Brunnen San Francisco, der sich vor der Kirche befindet, ist laut Plan das letzte Überbleibsel eines revolutionären Wasserversorgungsnetzes aus dem im 16. Jahrhundert. Es wurde von zahlreichen Quellen gespeist und sorgte über unterirdische Leitungen für die Verteilung des Trinkwassers in der ganzen Stadt. Heutzutage ist so etwas kein technisches Wunderwerk mehr und die Gestaltung des Brunnens das einzig interessante. Sechs Gesichter mit offenen Mündern, aus denen Wasser in einen gemauerten Trog tröpfelt. Darüber ein Relief mit drei uralten Wappen. Für Archäologen sicher spannend, während es einen Normalbürger wenig zu beeindrucken vermag.

Es ist Nachmittag, als wir auf die Etappe starten. Cedric spielt fortwährend auf seiner Gitarre und versucht, die gedrückte Stimmung etwas aufzuhellen. Nach kurzer Suche finden wir die gelben Pfeile wieder, die uns aus *Avilés* heraus und ans Meer führen. Die meiste Zeit folgen wir dem Weg an der Küste entlang.

Da die Wegweiser auf diesem Abschnitt äußerst spärlich sind, befürchten wir nach einer Weile, dass wir vom Weg abgekommen sind. Mangels Ausweichmöglichkeit ignorieren wir ein ›Betreten des Grundstücks verboten‹-Schild und stapfen durch Dornengebüsch, bis wir an eine Asphaltstraße kommen.

Es war ein Fehler, dass ich diesen Wegabschnitt mit Sandalen gewandert bin. Die vertrockneten Sträucher tragen Dornen mit Widerhaken und sondern ein juckendes Sekret ab. Bei einer Pause versuche ich, die miesen kleinen Dinger aus der Hornhaut zu entfernen. Leider ist mein Hausschlüssel das einzige, was ich zur Verfügung habe und dieser ist nur eingeschränkt hilfreich. Als das Jucken nach einer halben Stunde nachzulassen beginnt und das Gift seine Wirkung verliert, ist es wie eine Befreiung.

Als wir über eine kleine Halbinsel unter fast wolkenlosem Himmel wandern, kann ich wieder die Küstenlandschaft genießen. Wir überqueren eine leicht abfallende Klippe, die von Moos und Gras bewachsen ist. Die Reflexionen der Sonne blitzen auf den sanften Wellen des Ozeans wie ein Mosaik aus ultramarin, weiß und himmelblau. Hier und da erheben sich Inseln, die vom azurblauen Meer umspült werden.

Nachmittags erreichen wir *Salinas*, das Ziel der heutigen Etappe.

»In Salinas gibt es eine Herberge«, verkünde ich. »Meine Liste ist aktuell, erst vor wenigen Tagen habe ich sie aus dem Internet heruntergeladen.«

Ole, der wegen seiner hervorragenden Spanischkenntnisse die Rolle des Squadleaders übernommen hat, kümmert sich darum, nach dem Weg zur Herberge zu fragen. Als er nach einiger Zeit zurückkehrt, erklärt er, dass er sich überall erkundigt hätte, aber keine zielführende Auskunft bekommen konnte. Als wir uns in der Stadt umschauen, werden wir endlich fündig. Ein mittelalterliches Gebäude, dessen Fenster vernagelt sind.

»Vor drei Jahren gab es hier eine Herberge«, erzählt uns ein Bewohner des Nachbarhauses, »die wurde aber aufgegeben.«

»Offensichtlich sind die Informationen nicht zu hundert Prozent aktuell«, entschuldige ich mich, als wir den Weg fortsetzen.

Es folgt ein idyllischer Pfad, der beständig auf und ab führt. Die dritte Leipzigerin wird zunehmend langsamer, bis sie an einem steilen Anstieg wie in Zeitlupe einen Schritt vor den anderen setzt.

»Geht voraus. Mit meinem entzündeten Fuß kann ich nicht schneller gehen«, sagt sie entschuldigend auf meine Nachfrage, ob sie es überhaupt noch schaffen würde.

Der Weg endet an einer schattigen Höhle am Strand, in der wir uns versammeln und auf die Nachzüglerin warten. Ole und Cedric beschließen, sich beim nahegelegenen Campingplatz nach Übernachtungsmöglichkeiten zu erkundigen, während der Rest der Gruppe in der Höhle bleibt. Nach einiger Zeit kehren sie zurück.

»Der Campingplatz ist äußerst unattraktiv. Außerdem haben wir Zeit. Wir klappern die Umgebung ab und schauen uns nach etwas Besserem um.« Sie begeben sich erneut auf die Suche. Es dauert über eine Stunde, bis sie mit leuchtenden Augen zurückkehren.

»Wir haben eine Wiese an einem Waldstück entdeckt«, erklären sie begeistert. »Es ist vermutlich nicht ganz legal, dort zu campen. Wir warten bis zur Dämmerung und teilen uns auf, um nicht aufzufallen.« Ich komme mir vor wie in einer Gruppe von Pfadfindern. Es bilden sich zwei Stoßtrupps, eine unter Scout Ole, die andere unter Pionier Cedric. Beide Gruppen schleichen auf getrennten Wegen zu einer Wiese, an der wir uns wieder zusammenfinden und einem kleinen Bach folgen, der eine Biegung nach rechts nimmt. Der ideale Platz taucht vor uns auf, eine Rasenfläche, die von weitem nicht einsehbar ist. Zur Straße durch eine Brombeerhecke getarnt, auf der anderen Seite plätschert munter ein Bach. Nachdem zwei Zelte aufgebaut sind und eine Plane zwischen ihnen gespannt ist, begeben wir uns ans Kochen. Es gibt Eintopf, Salat und Baguette. Nachdem wir das Geschirr im Bach abgespült haben, spielt Cedric fortwährend Musik, bis zur tiefen Dunkelheit. Bei Lagerfeuer-Idylle kommt Romantik auf.

»Das ist der beste Platz, auf dem ich jemals gecampt habe«, bemerkt Ole freudestrahlend.

Als die Musik verklungen ist, sind merkwürdige Geräusche zu hören. Wie Rasseln von Ketten.

»Das ist wahrscheinlich ein Panzerübungsplatz«, sage ich.

Immer wieder tauchen in der Luft Scheinwerfer auf, als würden Ufos einen Landeplatz ausspähen.

»Vielleicht ist es ein Zielübungsplatz für Kampfflugzeuge«, füge ich hinzu.

Was ich auf der verkleinerten Landkarte auf meinem Smartphone gesehen habe, verschweige ich. Es gibt in unmittelbarer Nähe einen Flughafen mit dem Namen *Piedras blancas*. Damit würden sich viele der bizarren nächtlichen Phänomene erklären. Doch ich mag es gruselig. Nicht für mich, sondern es ist spannend, wenn sich andere gruseln. In tiefer Nacht verstummen die unnatürlichen Geräusche und neben Schnarchlauten ist gelegentlich der schaurige Ruf des Waldkauzes zu hören.

Invasion der Schafe

25. August, Santa Maria del Mar → San Esteban

Meine Gefährten sind hervorragend ausgestattet. Dank Camping-kocher und Wasserkessel frühstücken wir *Bocadillos* mit Instant-Kaffee. Ich frage mich, was sie neben den zwei Zelten noch alles in ihren Ruck-säcken mitschleppen. Der musikalische Engländer Cedric zupft seit dem Morgengrauen auf seiner Gitarre und treibt mir damit den Schlaf aus den Augen, bis der Tag erwacht. Die Sonne zeigt sich schillernd zwischen den Baumreihen und als sie sich über den Wald erhebt, schenkt sie angenehme Wärme.

Cedric legt eine Spielpause ein, wandert über den Rasen und rennt zurück.

»Eine Schafherde kommt hierher!«, ruft er. »Das ist kein Scherz.«

Lachend kehrt er zum Zelt zurück. Ich vermute anfangs, es wäre ein Scherz gewesen. Plötzlich erscheint der Kopf eines Schafes in der Ferne, der sich verängstigt wieder zurückzieht. Als eine menschliche Gestalt an seiner Stelle erscheint, machen wir uns auf Scherereien gefasst.

»Ich regle das«, erklärt Ole und läuft zu ihm. Ich sehe, wie er mit seinen Händen gestikuliert und höre, wie er sich entschuldigt.

»No pasa nada«, höre ich den Mann antworten, was ich interpretiere mit: »Es wird nichts passieren.«

»Er hat gesagt, er wird gleich die Polizei holen«, übersetze ich für Cedric. Als dieser mich nervös anblickt, entschuldige ich mich. »Das war ein Scherz.«

Obwohl der spanische Schafhirte keine Konsequenzen angedroht hatte, beeilen wir uns mit dem Waschen des Campinggeschirrs und dem Abbauen der Zelte. Wir verlassen das Gelände und wandern an einem Stall vorbei, aus dem uns die Schafe neugierig anblicken. Wenig später erreichen wir die Straße. Der Schäfer und seine Frau stehen am Zaun und winken. Grinsend blicken sie uns nach, als wir den Weg fortsetzen. Nach wenigen Minuten haben wir den Campingplatz erreicht und die Leipziger Pilgerin klagt, dass die Schmerzen in den Füßen ihr erneut zu schaffen machen. Das Abbauen der Zelte und unser Frühstück hatte sich bis zum Mittag hingezogen, mittlerweile ist es auch heiß geworden, daher einigen wir uns darauf, bei der nächsten Gelegenheit den Bus zu nehmen.

Unterwegs trifft die Leidgeprüfte eine endgültige Entscheidung. Da sie weder ihre Ausweise hat, noch Geld, abgesehen von geliehenen Notgroschen und ihr Fuß sie plagt, beschließt sie, die Wanderung endgültig zu beenden. Ich denke darüber nach, ob ich sie überreden sollte, nicht aufzugeben. Doch so viel Pech kann einem den Spaß am *Camino* vollkommen verderben.

Bald meldet sich mein schlechtes Gewissen, da ich diesen Weg nicht auf ehrliche Weise pilgere. Erst die Zugfahrt, jetzt der Bus. Von den zwei Bootsfahrten ganz zu schweigen. Mehr als eine Etappe zu überbrücken wäre mir zu gewagt. Kurz vor *San Esteban* folgt ein Umstieg mit zwei Stunden Wartezeit. Als ich von den anderen erfahre, dass der Küstenweg hier besonders attraktiv sein soll, verabschiede ich mich und setze meinen Weg zu Fuß fort, den gelben Pfeilen folgend, die mich den Fluss stromabwärts führen.

In *San Esteban* bekomme ich eines der vielen Betten in der Herberge zugeteilt und wenig später wandere ich am Fluss bis zum Meer weiter. Auf einem Plateau befindet sich ein Strandclub mit einem Pool, der mit einer Betonmauer gegen unbefugte Eindringlinge gesichert ist. Von außen ist zu erkennen, dass die Badegäste sich so dicht drängen, dass sie fast von der Mauer herabfallen. Solche Clubs waren noch nie mein Fall und ich gehe weiter. Der Strand hält nicht das, was ich mir davon versprochen habe, auch wenn sich viele Leute niedergelassen haben. Es ist ein Naturstrand mit faustgroßen runden Steinen an einem steil abfallenden Gelände, an dem man sich kaum wohlfühlen kann. Ich sehe mich weiter um, bis der Strand an einer Felswand endet. Zum Meer fällt ein Geröllhang ab. Das Ganze gleicht mehr einem Steinbruch als einem Strand und man kann sich nirgendwo hinsetzen, da die wenigen geeigneten Plätze belegt sind. Ich gebe meinen Plan auf und kehre um. Als ich das Gelände verlasse, werfe ich einen Blick über den Fluss. Ein Traumstrand befindet sich auf der gegenüberliegenden Seite. Das Gewässer ist aber zu breit, um hinüberzuschwimmen und eine Brücke befindet sich erst viele Kilometer flussaufwärts. Es ist Zeit für einen neuen Plan. Als ich in den Ort zurückgekehrt bin und um die Klippen herumwandere, stelle ich fest, dass *San Esteban* eine an einem Felshang errichtete Siedlung ist. Nachdem ich den steilen Anstieg überwunden, einen weiteren Ort durchquert und eine Ruine passiert habe, führt eine Straße zum Meer. Meine Augen leuchten, als ich einen Sandstrand erkenne. Unten angekommen, begebe ich mich auf die Suche nach einem Platz für meine Strandmatte. Zwar entspricht der *Playa de Aguilar* dem Typ Strand, den ich mir gewünscht hatte, ist aber völlig überfüllt und nur ein kleiner Platz im Schatten einer Mauer ist noch frei. Nach einer kurzen Rast begebe ich mich auf den Rückweg.

Auf dem Weg gibt es ein Restaurant mit einem weiten Gelände, das als Erlebniswelt für Kinder gestaltet ist. Halb Wildnis, halb Spielplatz. Es wäre der ideale Platz für gestresste Eltern, die sich in Ruhe ihren Champagner gönnen wollen, während sich ihre hyperaktiven Kinder bis zum Umfallen austoben. Der Waldweg mahnt mich zur Vorsicht und ist steil und rutschig, daher setze ich langsam einen Schritt vor den anderen, bis ich das Ende des Hangs erreicht habe.

Mittlerweile ist es spät geworden und Zeit, mich nach einem Abendessen umzusehen. Das Pilgermenü in einem Restaurant, in dem leckere Paella angepriesen wird, will ich mir gönnen. Die Plätze auf der Terrasse sind belegt, weshalb ich nur einen Platz im Lokal bekomme. Der Fernseher ist besonders laut gestellt, da ein wichtiges Fußballspiel stattfindet. Außer mir und dem Mann an der Theke schaut aber niemand zu. Paella ist aus, erklärt mir die Bedienung. Heute ist alles recht, denke ich, Hauptsache, es füllt den Magen.

Fiesta und Pilze

26. August, San Esteban → Soto de Luiña

Die morgendliche Passage schraubt sich in die Höhe, bis die Felsabbrüche der Klippen sich steil wie die Eiger Nordwand aus dem Meer erheben. Ich genieße den Eindruck unendlicher Weite und mir wird bewusst, dass es nicht gut gewesen wäre, jemand mit Fußproblemen zu überreden, hier hinaufzuklettern. Es hätte im Desaster geendet. Wir hätten eine Hubschrauberrettung zu diesem einsamen Trampelpfad rufen müssen.

Auch zu einer weiteren Erkenntnis gelange ich. Die Erde ist tatsächlich rund. Von hier oben kann man es eindeutig erkennen. Kurz darauf wandere ich ein Stück des Weges vom Vortag durch *Villar*. Das alte Schloss, an dem ich gestern vorbeigelaufen bin, will ich nun genauer besichtigen und entziffere die Plakette an dem gespenstisch anmutenden Bauwerk. Der *Palacio de Valdecarzana* stammt aus dem 16. Jahrhundert. Meine Besichtigung endet an einer Holzpforte, die schief in den Angeln hängt und mit einer Metallkette gesichert ist. Durch einen schmalen Spalt kann ich hineinspähen. Die alte Burg scheint gut erhalten zu sein, obwohl das Gelände völlig verwildert ist. Wie ein Wald, der von Mauern eingesperrt wurde. Würde man das Gelände von der Wildnis befreien, könnte eine weltbekannte Sehenswürdigkeit daraus werden. Vielleicht ist noch keiner auf diese Idee gekommen und diese alte Festung dämmert möglicherweise schon seit Jahrhunderten im Dornröschenschlaf vor sich hin.

Die kleine Stadt endet in einem Naturschutzgebiet, das nahezu unberührt scheint und in dem die Natur sich weitgehend selbst überlassen ist. Farne, so weit das Auge reicht, Efeu, der an mächtigen Eukalyptusbäumen emporrankt ... nein! Hier hatte der Mensch seine Hand im Spiel, da diese Waldriesen hier ursprünglich nicht heimisch waren.

Ich genieße den Wanderweg, der durch einsame Waldlandschaft abwärts führt. Fröhliche Pfeifsignale von Vögeln sind zu hören, die vermutlich signalisieren: »Achtung, da kommt wieder ein Pilger vorbei, versteckt euch.« Am Wegesrand sprießen Pilze aus dem Boden. Im August ungewöhnlich. Wenig später sehe ich graue Hüte, die ich an ihrer Form eindeutig als Steinpilze erkenne. Ich ernte einige von ihnen in der Hoffnung, mir in der Herberge ein schmackhaftes Gericht daraus zubereiten zu können.

Wenig später habe ich *Soto de Luiña* erreicht. In einer Bar erwerbe ich den Coupon für einen Platz in der Herberge, die bedauerlicherweise nicht mit einer Küche ausgestattet ist. Schweren Herzens trenne ich mich von den Steinpilzen, die nicht dazu geeignet sind, einen weiteren Tag transportiert zu werden.

Starkregen setzt ein und ich bin froh, die Unterkunft erreicht zu haben. Abends erscheint der *Hospitalero* und bereitet alle Pilger auf die morgige Etappe vor. Zwei Varianten gäbe es. Bei schlechtem Wetter sollte man nicht den Weg über die Berge nehmen, erfahre ich.

Vor der Herberge befindet sich ein Rastplatz mit Holzbänken und Tischen. Nachdem ich Platz genommen habe, erscheint eine Gruppe aus zwei Spanierinnen und einem Spanier. Sie laden mich zu einem leckerem Limonaden-Wein-Getränk ein und stellen sich als Victoria, Lucia und Iñigo vor.

Irrweg

27. August, Soto de Luiña → Cadavedo

Nachdem ich die Herberge verlassen habe, sehe ich Markierungen. Zwei Muscheln, die in unterschiedliche Richtungen weisen. Rechts die Landstraße entlang und links zu einem Waldweg. Ich erinnere mich an den Hinweis des *Hospitaleros*, dass man bei Schlechtwetter nicht den Weg über die Berge nehmen sollte. Der Regen hatte jedoch in der Nacht aufgehört und die Sonne leuchtet am Horizont, der leichte Morgennebel löst sich auf. Das verspricht gutes Wetter, ich entscheide mich für den Weg in die Natur. Doch als ich durch kniehohes Gras wandere, merke ich, dass es keine gute Entscheidung war, da an den langen Halmen Regentropfen hängen und es fühlt sich an, als würde ich durch einen Bach laufen. Die Beinkleider und Schuhe sind nach kurzer Zeit von Wasser durchtränkt.

Auf der Höhe in einem dichtem Tannenwald führt der gelbe Pfeil zu einem Steilhang. Andere Markierungen sind nicht mehr zu finden. Vorsichtig klettere ich auf einem Boden aus Tannennadeln abwärts, der sehr rutschig ist. Ich gerate immer tiefer in die Wildnis und denke, dass ich mich verirrt haben muss, bis ich eine Straße erreiche. Zum Glück habe ich ein Smartphone mit GPS und versuche, mich zur Küste durchzuschlagen. Nach langer Zeit erreiche ich eine Siedlung, doch alles in Richtung Meer führt in eine Sackgasse. Auf jeder Variante geht es nicht weiter. Es bleibt als einzige Möglichkeit, ein langes Stück in die umgekehrte Richtung zu wandern.

Nach Stunden habe ich nur eine geringe Distanz zur Herberge zurückgelegt, als ich den Ort *Castañeras* erreiche. Überraschend treffe ich Victoria, Lucia und Iñigo. Sie müssen spät gestartet sein, wenn sie auf dem direkten Weg diesen Ort erst jetzt erreicht haben. Wir wandern die Straße entlang, als die Küste vor uns erscheint und eine mächtige Klippe sich aus dem Meer erhebt. Es ist ein beeindruckendes Naturwunder auf einer Halbinsel, zu der ein Pfad führt. Um dorthin zu kommen, wäre es mehr als ein Kilometer. Die sparen wir uns.

Am Ende von *Castañeras* gibt es zwei Wegvarianten. Eine führt an der Straße entlang und die andere durch die Wildnis. Ich spreche mich für den asphaltierten Weg aus, Abenteuer hatte ich für heute genug. Zudem sind meine Schuhe durchgeweicht und ich habe mittlerweile Sandalen angezogen. Die anderen plädieren für den Naturpfad. Da ich überstimmt werde, folge ich ihnen in der Hoffnung, dass dieser Weg nicht erneut in die Irre führt. Es läuft aber besser als erwartet. Außer einem Bach, den wir durchqueren müssen, bleibt der Weg trocken. Der Pfad mündet in eine Landstraße, die in leichten Serpentinen bergauf führt und danach an Höhe verliert. Wir wandern unter einem beeindruckenden Bauwerk hindurch, einem nach meiner Schätzung hundert Meter hohen Bogen, der über uns eine Schnellstraße trägt.

Die Spanierinnen sind sehr gesprächig. Wenn sie nicht gerade singen, höre ich ständig Witze, die ich nicht verstehe. In *Cadavedo* ist die öffentliche Unterkunft schon voll belegt, doch es gibt Platz in einer privaten Herberge, die von der gleichen *Hospitalera* betreut wird. *Cadavedo* ist ein recht unscheinbarer Ort, der mindestens einen Kilometer vom Strand entfernt liegt. Dieser ist ein mit Kieseln bedeckter Naturstrand, dafür einer der schöneren Steinstrände.

In dem Ort kann man wenig unternehmen. Im Garten der Herberge sind aber Leinen gespannt, daher nutze ich die Gelegenheit für einen Waschtag.

Sidra

28. August, Cadavedo → Luarca

Die heutige Etappe ist bis auf den Schluss wenig abwechslungsreich und führt zumeist an der Landstraße entlang. Kurz vor dem Ziel erreichen wir einen Felsabbruch, unter dem ein Hafen zu sehen ist. Die letzten Meter führt der Weg steil abwärts, teils über Treppen, wenig später erreichen wir die malerische Altstadt von *Luarca*.

Die private Herberge ist sehr gut ausgestattet. Es gibt sogar Schränke, in denen man seine Klamotten verstauen kann. Nur die Duschkabinen sind ungeschickt konzipiert. Man kann sie zwar mit einem Haken verschließen, dennoch öffnet sich die Tür, wenn jemand von außen daran zieht. So ergibt sich oft eine peinliche Situation. Als ich die Gelegenheit nutze, meine Wäsche zu sortieren, fällt mir auf, dass die Hälfte davon fehlt. Da fällt mir ein, dass ich gestern Wäsche gewaschen habe. Am Morgen aber vergessen hatte, sie mitzunehmen. All meine Ersatzklamotten hängen noch in *Cadavedo* auf der Wäscheleine. Ich fluche leise, doch jetzt ist es zu spät, daran noch etwas zu ändern.

In der Unterkunft treffe ich zwei deutsche Pilger und es ist angenehm, sich wieder in der eigenen Sprache unterhalten zu können. Mir gefällt die spanische Sprache zwar gut, aber von der ständigen Plauderei der drei Mitpilger habe ich kaum etwas verstanden, was recht anstrengend war. Nachmittags findet eine Gruppe aus den beiden Deutschen, einigen Spaniern und mir zum Pilgermenü zusammen.

Von meinen spanischen Mitpilgern werden wir vom Besuch einer *Sidreria* überzeugt. Dort gibt es einen *Sidra*-Einschenk-Automaten. So ein Gerät hatte ich zuvor einmal gesehen, aber nichts damit anfangen können. Man stellt in zwei Metern Höhe eine Flasche in eine Vorrichtung und unten ein Glas hinein, drückt danach einen Hebel und *Sidra* wird eingeschenkt. Eine tolle Erfindung. Das Getränk ist beliebt in der Region und das berauschende Getränk fließt in Strömen, obwohl der Geschmack kaum überzeugen kann. Aber ich verstehe endlich, warum es so beliebt ist. Eine Flasche *Sidra* kostet 1 Euro und ist billiger als ein Glas Bier.

Benommen kehre ich zur Herberge zurück. Dass ich die Hälfte meiner Klamotten in *Cadavedo* auf der Leine hängen gelassen habe, habe ich fast schon vergessen.

Pilgern auf Mexikanisch

29. August, Luarca → La Caridad

In einer Backstube besorge ich mir zwei Croissants und treffe Victoria und Lucia. Sie verabschieden sich mit den Worten, sie hätten drei Tage Urlaub gehabt und müssten nun den Heimweg antreten.

Die Gesellschaft der jungen Spanierinnen war äußerst kurzweilig und ich beginne ihre Gesellschaft schon zu vermissen, als ich an schönen alten Gebäuden durch die Hafenstadt vorbeiwandere, bevor es steil bergauf geht. Am oberen Ende der Klippen erreiche ich ein Plateau, von dem man den ganzen Hafen überblicken kann. Ein schöner Blick und zugleich macht es mich traurig, als ich daran denke, wie viele Pilger ich kennengelernt habe, von denen ich mich wenige Tage später wieder verabschieden musste.

Ich entferne mich von der Küste und durchquere gedankenverloren kleine Orte, die von Landwirtschaft geprägt sind. Plötzlich ruft mir eine Frau aus einem Fenster zu. »Der Camino führt in die andere Richtung.« Ich hatte eine Abzweigung verpasst, kehre zurück und finde den Pfeil wieder. Bald sehe ich linker Hand eine Ruine. Seelenlose Steinhaufen nennen es manche, doch diese wecken stets meine Neugier. Eine Plakette besagt, es wäre eine Santiago gewidmete Kirche aus dem 10. Jahrhundert und der Zeit *Fruela II, des Aussätzigen*. Ich zwänge mich unter dem Torbogen zwischen Brombeersträuchern hindurch und schaue mich in dem altehrwürdigen Gebäude um. Außer Mauerresten ist nichts geblieben. Nach der Aufteilung des Gebäudes handelt es sich tatsächlich um ein ehemaliges Kirchengebäude. Die Erkundung bringt wenig Neues, außer roten Streifen von Dornengewächsen an meinen Armen.

Bald sehe ich vor mir jemand mit langen braunen Haaren und der gleichen Figur wie die Spanierin Victoria. Ist sie noch auf dem *Camino* unterwegs? Mir kommt in den Sinn, dass ich ihr wegen meiner mangelhaften Sprachkenntnisse auf die Nerven gefallen sein könnte. Obwohl ich mein Tempo drossele, hole ich sie bald ein. Es ist nicht Victoria. Sie sah ihr von der Silhouette her ähnlich, doch als sie mich freundlich grüßt, stellt sie sich mit dem Namen Pamela vor. Sie käme aus Mexiko, erfahre ich. Ich bin begeistert, da ich zuvor gehört hatte, dass viele Mexikaner auf dem *Camino* unterwegs wären, bisher aber noch keinen einzigen kennengelernt habe.

Nach wenigen Metern erreichen wir eine aufgerissene Straße, Wegmarkierungen sind nicht zu sehen. Ich schaue mich kurz um. Man könnte eine Brücke überqueren und nach hundert Metern wieder auf den gleichen Weg zurückkommen. Mein Pilgersinn sagt mir, geradeaus wäre richtig. Bald finden wir Markierungen, doch an einer Abzweigung fehlen sie erneut. Ich spreche Passanten an, um nach dem Weg zu fragen und lasse mir kurz erklären, welche Variante wir nehmen sollen. Pamela hätte dies als Muttersprachlerin viel besser tun können, aber ich wollte mir die Gelegenheit nicht nehmen lassen, damit anzugeben, dass ich mich in Spanisch verständigen kann.

Ein kleiner Garten am Rand des Aufstiegs ist mit penibel geschnittenen Hecken gestaltet und ein Brunnen trägt die Aufschrift *Fuente de Santiago*. Eine Sitzbank ist auch vorhanden. Es ist ein Rastplatz für Pilger, an dem wir eine Pause einlegen.

Ihr Vater wäre Engländer, erfahre ich und ihre Mutter Mexikanerin, die ein Couch-Potato wäre und ihr Land noch nie verlassen hätte, während ihr Vater durch die ganze Welt reisen würde. So wie sie selbst. Derzeit wohne sie in London in einem eigenen Haus und arbeite bei einer Marketingagentur.

Entweder haben wir uns verlaufen oder es gibt tatsächlich keine Wegmarkierungen auf den letzten Kilometern nach *La Caridad*. Wir hangeln uns an der Kante einer Schnellstraße vorwärts, auf der so viele Fahrzeuge vorbeirauschen, dass man sein eigenes Wort nicht mehr versteht. Wir sind froh, als wir endlich ankommen.

In *La Caridad* gibt es kaum Sehenswürdigkeiten und die Stadt liegt weit vom Meer entfernt. Dafür bietet sie eine Auswahl an Bars und Restaurants. Abends treffen wir uns mit neuen Bekanntschaften aus der Herberge zum Bier. Pamela scheint ein Internetjunkie zu sein. Die meiste Zeit beschäftigt sie sich mit ihrem Tablet und Smartphone.

Nur ein Katzensprung

30. August, La Caridad → Tapia de Casariego

Seit ich mit der Mexikanerin aufgebrochen bin, wird der Weg zunehmend attraktiver. *San Pelayo* nennt sich ein kleiner Ort, benannt nach *Pelagius*, dem Begründer der Reconquista und dem großen Helden Asturiens. Es folgt eine dünn besiedelte grüne Idylle mit mittelalterlichen Gebäuden, einige Kirchen dort stammen sogar aus der Zeit, als Spanien noch maurisch war. Dies bestätigt abermals, dass die christliche Kultur in dieser Autonomieregion sehr früh ihren Fuß in die Tür der Geschichte gesetzt hatte, bevor sie ihren Raum auf der Halbinsel erobert hatte.

Ein Alternativweg führt an den Klippen entlang und über einen Trampelpfad, den Pamela bevorzugt. Er würde nach *Tapia* führen, dies sei eine besonders nette Stadt und dorthin wäre es mit zehn Kilometern eine sehr kurze Etappe. Es hört sich gut an, obwohl ich als Ziel *Ribadeao* eingeplant hatte und die Distanz von zwanzig Kilometern leicht zu schaffen gewesen wäre. Doch ich ändere meinen ursprünglichen Plan und bin froh, eine Mitpilgerin zu haben.

Der Herberge scheint es an einem Verwalter zu fehlen, der sich um Pilger kümmert. Keiner ist bei unserer Ankunft anwesend, eine Telefonnummer gibt es nur für den Notfall. Ein Stempel für die *Credenciales* ist zur Selbstbedienung bereitgestellt. Wenn man fortgeht, nimmt man einen Haustürschlüssel aus der Box mit.

Ich stelle fest, dass es eine gute Entscheidung war, hier halt zu machen, als wir zum Badestrand gehen. *Tapia* liegt an einer von Klippen umrahmten Bucht. Die Wellen, die zum Sandstrand rauschen, sind so hoch, dass sich zahllose Surfer im Wellenreiten üben können. Den frühen Nachmittag verbringe ich mit der Mexikanerin am Strand. Leider konnte ich meine Badehose nicht finden, die offenbar auch in *Cadavedo* auf der Wäscheleine hängengeblieben ist, daher gehe ich in meinen Pilgerklamotten schwimmen.

Es ist mittlerweile heiß geworden, der Gang über die asphaltierten Straßen der Stadt ist schweißtreibend. Pamela hatte in der Herberge eine Schweizerin kennengelernt, den frühen Abend genießen wir zu dritt in einer gemütlichen Bar an der Bucht. Die beiden Frauen trinken Caipirinha und ich Bier.

In der Zwischenzeit findet sich eine Gruppe gut gelaunter Deutscher in der Herberge ein, die den Ausklang des Tages im Garten mit reichlich Dosenbier feiern.

Galicien

Galicia

Pilgerwechsel

31. August, Tapia de Casariego → Vilela

Eine der deutschen Pilgerinnen platzt am frühen Morgen begeistert in die Herberge und jubelt, draußen wäre gerade einer der schönsten Sonnenaufgänge. Jeder sollte unbedingt herauskommen und sich dieses Schauspiel anschauen. Schlaftrunken folgen viele der Aufforderung und das frühe Aufstehen wird durch einen beeindruckenden Anblick belohnt. Orangerot leuchtet der Horizont hinter den Klippen, die aus dem Ozean ragenden Felsen wirken wie von Wellen umspülte Gestalten, einer gleicht einem stolzem Ritter auf seinem Ross. Nach wenigen Sekunden ist der Zauber vorbei.

Die Schweizerin hatte sich der Mexikanerin und mir angeschlossen und zu dritt wandern wir über blühende Wiesen mit Meeresblick. Bei Gesprächen über die Motivation, den *Camino* zu gehen, beginnt die Pilgerin aus der Schweiz mit den Worten, dass es für sie tatsächlich einen Grund gäbe. Ich tippe in Gedanken darauf, dass ich diesen sofort erraten könnte. Bei den meisten jungen Frauen gab es unterwegs immer ein Thema. Beziehungsprobleme. Genau darum geht es auch bei ihr. Sie berichtet, ihr Freund würde polygam leben und sie mit anderen Frauen teilen. Für sie selbst käme das aber nicht in Frage, für sie gab es nur den einen. Darüber hätte sie eine Weile nachgedacht und sich mittlerweile damit abgefunden. Die Mexikanerin erzählt ihrerseits, dass sie sich vor kurzem getrennt hätte, da ihr Freund kiffen würde. Jeden Tag. Er wäre Rastafari und hätte sich bei der Wahl zwischen ihr und seiner Sucht für die zweite Option entschieden. Es betraf also auch Pamela.

Wir überqueren eine lange Eisenbrücke über einen Fluss, der sich Eo nennt und an dieser Stelle ins Meer mündet. Auf der anderen Seite beginnt die Autonomieregion Galicien. Wenig später, auf einem Gelände mit Ruinen, befindet sich die Herberge von *Ribadeo*. Im Eingangsbereich stehen viele Pilger, und wir erfahren, dass schon alle Betten vergeben wären. Alle warten nur noch auf den *Hospitalero*. Unter ihnen erkenne ich bekannte Gesichter. Die Gruppe aus Leipzig mit dem Engländer Cedric. Ein anderer Pilger kommt auf mich zu und sagt, er wäre mir zwei Jahre zuvor auf dem *Camino Francés* begegnet. Sein Name wäre

Gustavo und in *Pedrouzo* wären wir in der gleichen Unterkunft gewesen. Da dämmert es mir. Damals war die Herberge überfüllt und ich hatte mich einer Gruppe von drei Südamerikanern auf der Suche nach einer Unterkunft angeschlossen, bis wir eine Pension gefunden hatten. Abends hatten wir fünf spanische Studentinnen kennengelernt, denen ich am darauffolgenden Abend in Santiago begegnet bin und die mich in eine Bar eingeladen hatten, um gemeinsam zu feiern. Eine der wunderschönen Geschichten von meinem ersten Jakobsweg.

Wir erreichen wenig später die Altstadt von *Ribadeo*. Es ist ein malerischer Ort mit sehr eigenwilliger Architektur, einige imitieren den Stil spanischer Auswanderer in der neuen Welt, erfahre ich. Der *Torre de los Moreno* könnte als Kombination von Säulen, Torbögen, einem Eckturm, Balkonen und Erkern auch von Gaudi stammen.

Die Stadt ist sehr belebt und ich beobachte einen Straßenhändler, der rohe Austern verkauft. Eine Delikatesse. Eine, die ich wohl nie probieren werde. Lebende Muscheln, das muss einfach nicht sein. Die Mexikanerin, die Schweizerin und ich suchen ein Tapas-Restaurant auf und stellen eine Auswahl an Leckerbissen zusammen. Sie besteht aus *Pulpo*, der in Galicien einfach dazu gehört, mit Schafskäse gefüllte Champignons und *Pimientos de Padrón*. Manche nennen es Russisches Roulette, da man nie weiß, ob man unter den grünen Paprikaschoten eine scharfe Variante erwischt. Für meinen Geschmack könnten stets mehr von den pikanten Schoten dabei sein, oft findet man keine einzige darunter.

Im Anschluss begeben wir uns auf die Suche nach einer Unterkunft. Meine zwei Begleiterinnen haben sich entschieden, mit dem Bus nach *Ferrol* zu fahren und den *Camino Inglés* zu gehen. Den kenne ich aber schon. Er ist idyllisch, doch gerade letztes Jahr hatte ich ihn im Anschluss an den portugiesischen Weg unternommen, da ich noch ein paar Tage Zeit übrig hatte. Somit passt es gar nicht in meinen Plan. Es ist Mittagszeit, als wir eine Pension finden, doch mir wird bewusst, dass es sich nicht gehört, sich mit zwei Frauen in ein Zimmer einzuquartieren. Ich muss eine Entscheidung treffen. Mein Weg ist ein anderer. Ich tausche Kontaktdaten mit Pamela aus und setze meine Wanderung fort.

Als sich von einer Anhöhe aus ein Blick zum Ozean bietet, wird mir bewusst, dass es der letzte Meeresblick sein wird. Meiner Karte zufolge führt der Weg nun ins Landesinnere.

Nach wenigen Kilometern erreiche ich *Vilela*. Es ist ein kleines Dorf, das nur aus einer Bar und einer Herberge besteht, die von dem Besitzer der Bar betreut wird.

Wind kommt auf und der Wegweiser zur Unterkunft weist in Richtung Himmel. Da ich sonst nichts zu tun habe, binde ich diesen mit einer Schnur fest. So habe ich Ordnung geschafft und setze mich vor der Bar in die Sonne. Nach und nach trudeln weitere Pilger ein, in der Mehrzahl ältere Damen. Erneut hat es den Wegweiser der Herberge erwischt und diesmal zeigt er in die Richtung, aus der man ins Dorf kommt. Damit die Pilger nicht zurück nach *Ribadeo* laufen, drehe ich ihn erneut. Inzwischen ist die deutsche Gruppe aus *Tapia* eingetroffen. Unter ihnen ein Schweizer und ein Pilger, den ich nach seinem Aussehen erst für einen Spanier halte. Er stammt aber aus Deutschland und lebt seit einigen Jahren in Salamanca. Das Land hat offensichtlich auf ihn abgefärbt.

In der Bar befindet sich ein Extraraum, in dem sich alle zum Pilgermenü treffen. Die Bedienung scheint bestimmte Vorstellungen mit der Sitzverteilung zu haben, erst sollen alle dichtgedrängt an einem Tisch sitzen und einer allein an einem anderen Tisch. Da der Kellner etwas überfordert zu sein scheint, teilen wir uns in zwei Gruppen auf und setzen uns um.

Im Anschluss nehmen alle vor der Bar Platz. Die Stimmung wird ausgelassen, da ein Spanier, vermutlich ein Bauer aus der Umgebung, uns eine Runde Bier nach der anderen spendiert. Die Bar scheint ein Treffpunkt für Landwirte aus der Umgebung zu sein und beim steigenden Biergenuss herrscht Ballermann-Stimmung. Der Schweizer ruiniert seine *Credenciales*, als er auf die Idee kommt, den Pilgerstempel auf seine Stirn zu drucken, um einen seitenverkehrten Abdruck in seinen Ausweis abzubilden. Auf seinen Wunsch unterschreiben alle in seinem Pilgerpass, der wild bemalt und vollgekritzelt wird.

Um zwei Uhr morgens stolpert die Gruppe schwankend und lachend in die Herberge. Einige ältere Pilgerinnen liegen ruhig in den Betten und daher wird vermieden, das Licht anzumachen. Es bereitet aber einige Schwierigkeiten, die sanitären Einrichtungen zu erreichen und sich zum Bett zu bewegen, ohne gegen die Stockbetten zu stoßen. Nach wenigen Minuten beginnt einer, der abends mitgefeiert hat, so laut zu schnarchen, dass kaum ein anderer Schlaf finden kann.

Grabenkämpfe auf dem Camino

1. September, Vilela → Mondoñedo

Der frühe Morgen beginnt mit Lärm, als einige im Schlafraum herum-trampeln und sich beim Packen der Rucksäcke lautstark unterhalten. Sie hüpfen im Zimmer umher, der Boden wackelt und die Türen zum Waschraum werden heftig zugeschlagen. Kurz hebe ich meinen Kopf und stelle fest, wer sich derart danebenbenimmt. Es sind die älteren Pilgerinnen. Ich versuche, die Ruhestörerinnen zu ignorieren, doch plötzlich fühle ich fremde Fingernägel an meinem Kopf. »Ihr wart ziem-lich laut gestern«, höre ich. Die Hand entfernt sich wieder.

Nach einer Stunde ist der Spuk vorbei. Aus ihrer lauten Unterhaltung hatte ich heraushören können, dass sie aus Dänemark stammen. Unver-schämtes Volk!

Langsam setzt die Dämmerung ein und es ist Zeit, sich auf den *Camino* zu begeben. Hinter *Vilela* führt der Pfad durch Eukalyptuswälder und eine dünn besiedelte Landschaft, bis ich zur Mittagszeit *Lourenzá* erreiche, das geplante Ziel der heutigen Etappe. In einer Bar, neben der eine Hüpfburg mit Figuren wie *Sponge Bob* aufgestellt ist, bestelle ich Bier und *Bocadillo*. Daneben befindet sich auch eine mit Statuen verzierte Kirche, die so romanisch wirkt, als wäre sie von den Römern selbst erbaut worden. Nach der Rast begebe ich mich auf die Suche nach der Unterkunft und treffe einen spanischen Pilger, der mir eröffnet, die Pilgerherberge wäre wegen Bettwanzenbefall geschlossen. Drei Tage würde sie mit chemischen Kampfstoffen behandelt werden. Eine Plage, diese Viecher. Zwar hatten sie mich bisher nicht erwischt, aber ich hatte einige Pilger getroffen, deren Haut nach Insektenattacken mit roten Pusteln übersät war.

Als Ausweichmöglichkeit gäbe es eine Turnhalle, erfahre ich und schließe mich dem Spanier an. Einem so heruntergekommenen Pilger wie ihm bin ich bisher noch nie begegnet. Seine Kleidung ist so zerrissen, dass sie in Fetzen an seinem Körper hängt und auf den letzten Metern raucht er einen Joint. Als wir in der Alternativunterkunft ankommen, entdecke ich die Gruppe der dänischen Seniorinnen. Nein, keinesfalls werde ich hier die Nacht verbringen. Kurz erkläre ich dem

Spanier, dass mir diese Unterkunft nicht zusagen würde, schultere meinen Rucksack und setze den Weg fort. Ich entkomme so nicht nur den dänischen Nervensägen, sondern möglicherweise auch den Bettwanzen, die von Leuten wie ihm von Herberge zu Herberge geschleppt werden. Manchen Pilgern wäre es egal, diese Plage zu verbreiten. Er wäre der typische Kandidat dafür.

Der Schluss des Weges wird beschwerlich, da er auf der Landstraße stets geradeaus führt. Immer, wenn man denkt, man habe das Ziel schon erreicht, führen die Pfeile am Ort vorbei und der Anstieg wird nochmal steiler. Eine letzte Durststrecke und ich komme in den Ort *Mondoñedo*, der fast nur aus mittelalterlichen Gebäuden besteht. Im Zentrum befindet sich eine Kathedrale von so imposanten Ausmaßen, dass sie für die Kleinstadt überdimensioniert wirkt. Leider ist die Pforte des Gotteshauses verschlossen.

Am Rand des Platzes vor der Kathedrale befindet sich das Tourismusbüro und dort bekommt man den Coupon für die Pilgerherberge. Doch der Inhaber schüttelt den Kopf und meint, alle Plätze wären belegt. Als ich das Gebäude verlasse, treffe ich auf die deutsche Gruppe. Der spanisch aussehende Pilger sagt, er kümmert sich um das Problem mit meinem Schlafplatz und begibt sich kurzentschlossen mit mir in das Büro. Er diskutiert mit dem Mann und so bekomme ich doch noch einen Coupon für die Unterkunft. Alle regulären Betten sind belegt, doch im Keller der Herberge finden wir Platz auf Kunststoffmatten.

Abends wandere ich eine Weile umher. Obwohl der Ort recht kleine Ausmaße hat, verläuft man sich in seinen verwinkelten Gassen schnell. Es gibt ein Restaurant, das Pilgermenüs anbietet, doch das Angebot sagt mir nicht zu. Im Laden gegenüber der Unterkunft besorge ich mir Brot mit Käse und begebe mich auf einen Rundgang, bis ich einen ruhigen Platz oberhalb eines alten Friedhofs entdecke. Es ist ein Park mit uralten Bäumen und ein idyllisches Plätzchen, von dem ich eine tolle Aussicht auf das Land rundum genießen kann.

Auf dem Rückweg spricht mich jemand in schwarzem Habit an und fragt mich, ob ich Pilger wäre. Als ich bejahe, setzt er seinen Weg fort. Seltsamer Mensch. Seiner Kleidung nach ist er ein Benediktinermönch oder Franziskaner.

Abends führt einer der deutschen Pilger Aufnahmen von unterwegs vor. Ein Kurzfilm zeigt eine tanzende Kuh, die er mit einem Mitpilger nachahmt. Dies erinnert mich an die merkwürdige Attraktion in dem Touristengeschäft in *Gijón*. Der Großteil der weiteren Fotos zeigt seine Mitpilger beim Wechseln der Kleidung, mit heruntergelassener Hose oder in anderen peinlichen Posen. Weder Kirchen, noch die Landschaft hat er verewigt. Er scheint vor allem den spanisch aussehenden Pilger ins Visier genommen zu haben, den er ständig Este nennt. Wie dieser zu diesem Namen gekommen ist, erfahre ich auch. Unterwegs hatte dieser bei einer Herberge angerufen, da seinen deutschen Namen aber niemand verstehen konnte, nannte er sich Estepan. Seitdem wird er kurz Este genannt.

Der Kellerraum hat einige Vorteile. Es sind weder Däninnen, noch andere sensible Pilgerinnen anwesend, die sich in ihrer Ruhe gestört fühlen. Ich bin in einer Gesellschaft, die aus drei deutschen Pilgern, einer Pilgerin und dem Schweizer besteht, eine lustige Truppe. In diesem Verlies können wir uns nicht nur ungestört unterhalten, es gibt auch Wäscheleinen zum Trocknen. Das einzig Störende sind das laute Brummen der Ölheizung und das unappetitliche Rauschen der Abwasserleitungen, wenn jemand in den darüber liegenden Stockwerken die sanitären Anlagen benutzt.

Ausbruch aus dem Verlies

2. September, Mondoñedo → Gontán

Im fensterlosen Verlies bemerken wir erst durch einen anschwellenden Lärmpegel, dass der Tag angebrochen ist. Es erscheint eine Putzfrau, die uns aus dem Keller vertreibt.

Wir sammeln uns am Platz vor der Kathedrale zu einem morgendlichen Kaffee. Unser Spaßvogel-Fotograf nimmt Selfies mit der Statue eines Priesters auf, setzt ihm seine Mütze auf den Kopf und legt den Arm um ihn. Der Mönch, dem ich gestern begegnet bin, läuft vorbei und betrachtet diese Szene mit irritiertem Blick.

Die Mittagszeit ist schon vorbei, als alle startbereit sind. Wir sind erst wenige Meter weitergekommen, als wir wieder stoppen müssen. Am Ende von *Mondoñedo*, wo der Pfad durch die Landschaft beginnt, ist der Durchgang durch einen Bagger versperrt. Ich versuche, mich elegant unter dem Greifarm hindurch zu schwingen und rutsche ab. Nachdem ich das Hindernis überwunden habe, fühlt sich meine Hand seltsam an. Sie trieft vor Öl und ist rabenschwarz. Eine Sabotage, so ein Hindernis in den Weg zu stellen, an dem man sich als Pilger derart besudelt und das üble klebrige Zeug lässt sich mit Papier nur notdürftig entfernen. Ich ärgere mich über mich selbst und denke zugleich darüber nach, ob man dem Baggerfahrer Fahrlässigkeit vorwerfen könnte. Ich bin nun der Pilger mit der schwarzen Hand. In der nächsten sanitären Einrichtung, die hoffentlich in Kürze kommt, werde ich das schmierige Zeug abschrubben. Ein Café ist glücklicherweise nicht weit entfernt und während die anderen bei Kaffee und *Bocadillo* entspannt in der Sonne sitzen, kümmere ich mich um die Reinigungsarbeiten.

Der *Camino* ist zu Beginn eine leicht ansteigende Landstraße. Das Ziel der heutigen Etappe *Gontán* befindet sich in einer Entfernung von 15 Kilometern, die es in sich haben und auf der meine Pilgerkollegen bald zurückfallen. Hinter einem einsamen Gehöft ändert sich die Steigung, auf der man fast klettern muss. Alle Wolken haben sich verzogen und die Sonne brennt vom Himmel. Der heutige Bergpass ist von der Höhendifferenz möglicherweise der schwierigste Abschnitt auf dem *Camino del Norte*. Stets, wenn der Weg in die Höhe führt, werde ich aber von einer schönen Landschaft und toller Aussicht belohnt. Grasende Kühe, waldbewachsene Hügel und ein Bergkamm mit Windstromgeneratoren, die diese Idylle jedoch kaum trüben. Während einer Verschnaufpause werde ich von zwei jungen Pilgerinnen überholt und mache mir Gedanken darüber, dass es mit meiner Fitness offensichtlich nicht zum Besten steht.

Der höchste Punkt ist erreicht und auf einer Wiese mit einem Strommast pausiere ich, als die deutsche Pilgerin und Este auftauchen. Die Hitze hat am Nachmittags weiter zugenommen und der spärliche Rest meines Trinkwassers schmeckt wie heißer Tee ohne Kräuter.

Als wir den Weg wiedervereint fortsetzen, entscheiden wir uns für eine Variante an der Landstraße, da diese kürzer ist. Eiskalte Cola aus einem Automaten einer Tankstelle verschafft mir ein wenig Abkühlung, auf direktem Weg erreichen wir *Gontán*. Dies ist ein kleiner Provinzort, in dem kein Restaurant zu finden ist, dafür aber ein kleiner Tante-Emma-Laden, in dem wir uns mit Schmetterlingsnudeln und Tomatensauce eindecken. Leider gibt es keinen Käse. Wir begeben uns zu einem benachbarten Ort, in dem es einen Supermarkt gibt und ergänzen unseren Einkauf auch mit Wein und Desserts.

Die Herberge von *Gontán* ist eine vorbildlich ausgestattete Unterkunft. Als wir auf der Terrasse bei Pasta sitzen, gesellen sich zwei deutsche Pilgerinnen hinzu. Pädagoginnen aus dem Bodenseegebiet.

Auch die Däninnen treffen ein, gleichzeitig mit dem in Lumpen gekleideten spanischen Pilger. Zu meiner Erleichterung hat die skandinavische Chaostruppe in einer anderen Ecke des Schlafsaals Platz gefunden und ich kann hoffen, dass ich nicht frühmorgens überfallen werde. Die deutsche Pilgerin aus unserer Truppe schleppt ihre Matratze zur Balkontür heraus, um draußen zu schlafen. Dort ist es vermutlich recht ungemütlich, da es abends abkühlt und nachts Nieselregen einsetzt.

Bei der Feuerwehr

3. September, Gontán → Vilalba

In der Morgendämmerung, als alle mit dem Packen der Rucksäcke fertig sind, wird das, was beim Kochen an Müll angefallen ist, in der Tonne vor der Herberge entsorgt. Der Letzte, der die Herberge verlässt, zieht die Eingangstür zu und in dem Moment bemerkt der Pilger aus der Schweiz, dass sein Rucksack noch im Eingangsbereich steht. Die Tür lässt sich aber nur von innen öffnen. Bis auf den Rucksack ist die Unterkunft vollkommen leer. Laut Aushang wird die Verwalterin erst am Abend eintreffen. Der Schweizer versucht, sie telefonisch zu erreichen, doch vergebens. Plan B ist der Tante-Emma-Laden. Dort erkundigen wir uns nach einem Schlüssel für die Unterkunft, doch Fehlanzeige. Was nun?

Beim Gang um das Gebäude bemerken wir, dass die Pilgerin, die in der Nacht draußen geschlafen hatte, vergaß, die Balkontür zu schließen. Dies wäre ein möglicher Weg. Wir müssten nur in den ersten Stock gelangen. Dabei hilft uns eine der Mülltonnen, die wir an die Hauswand schieben. Der Sportlichste aus unserer Gruppe klettert hinauf und nach wenigen Minuten öffnet sich die Eingangstür. Das morgendliche Drama ist überwunden, der Schweizer schultert seinen Rucksack. Es geht los.

Alle aus dieser Gruppe sind in unterschiedlichem Tempo unterwegs. Die zwei Jüngsten versuchen, die Etappe in kürzester Zeit hinter sich zu bringen. Die deutsche Pilgerin und Este sind eher langsam zu Fuß. Bei mittlerem Tempo wandere ich bald alleine, bis ich die Pädagoginnen vom Bodensee wiedertreffe und bei der nächsten Gelegenheit mit ihnen eine Pause in einem Café einlege.

Vorher hatte es in mir geschlummert, doch nun bricht es aus und ich merke, dass mich eine heftige Erkältung erwischt hat. Tage zuvor hatte ich gehört, eine Grippe wäre in Umlauf gewesen, nun habe ich mich auch angesteckt und fühle mich desolat und verfroren. Als die zwei jungen Pilgerinnen erscheinen, die mich am Tag zuvor überholt hatten, setzen sie sich dazu, im gleichen Moment stehen die Pädagoginnen auf und setzen ihren Weg fort. Sie scheinen etwas gegen die zwei Jüngeren zu haben. So demonstrativ sollte es nicht sein, finde ich und bleibe noch eine Weile sitzen. Es sind ebenso Pädagoginnen, stammen aus Hessen und haben einen etwas gewöhnungsbedürftigen Akzent, da sie *ch* aussprechen wie *sch*.

Es folgt ein Pfad durch einsame Landschaft und die Ruhe wird durch die laute Hip-Hop-Musik aus dem mobilen Lautsprecher der jungen Pilgerinnen gestört, bis wir eine Siedlung erreichen. Das erste Gebäude in *Vilalba* ist die Einsatzzentrale der Feuerwehr, nebenan befindet sich die Herberge. Auch das Rote Kreuz ist hier untergebracht. Die *Hospitalera* am Empfang erwartet die Pilger mit einem Feuerwehrhelm auf dem Kopf und in Uniform. Sie weckt Erinnerungen an den *Camino Portugés* von *Lissabon* bis *Porto*, auf dem sich traditionell *Bombeiros* um Pilger kümmern.

Eineinhalb Kilometer sind es bis zum Ortsanfang und zum Einkaufen muss man noch ein Stück weiter. Pilgermenüs sind nirgends zu finden, daher nehme ich mit dem Supermarkt vorlieb.

Vilalba präsentiert sich so, wie ich mir amerikanische Industriestädte vorstelle. Es sind keine alten Gebäude zu finden und die vielbefahrene Straße führt schnurgerade durch den Ort, vorbei an stumpfen, schmucklosen Fassaden, die sich kaum voneinander unterscheiden.

Ein Gemeinschaftsraum fehlt in der Herberge und die Schlafsäle wirken düster, so ist auch die Stimmung. Jeder gestaltet seinen Abend mehr oder weniger für sich selbst.

Abends beschließt die deutsche Pilgerin, sich einen Schlafplatz im Gebüsch hinter dem Gebäude zu suchen, der Schweizer schließt sich an. Ich kann es nicht nachvollziehen, da beide das Bett für eine Nacht in der Herberge bezahlt haben und der Himmel Nieselregen verspricht.

Konzert am Abend

4. September, Vilalba → Baamonde

Am Ende der eintönig wirkenden Stadt entdecke ich die einzige Sehenswürdigkeit. Es ist ein achteckiger Turm aus dem 15. Jahrhundert, der jedoch als Vier-Sterne-Hotel zweckentfremdet wurde. Die Besichtigung erspare ich mir.

Ein Stück hinter *Vilalba* beginnt eine Sumpflandschaft, eine alte Steinbrücke führt über den Fluss. Es folgt ein Trampelpfad und ich gehe einen Hohlweg abwärts, der an einer befahrenen Straße endet. Dort fehlen Wegmarkierungen. Ich marschiere weiter und bin bald sicher, dass ich mich verlaufen habe. Die Orientierung in Richtung Südwesten per GPS bringt mir einige Umwege ein. Häufig ist der Weg durch einen Fluss oder die Autobahn versperrt, worauf ich umkehre, um eine neue Variante auszuprobieren. Nach einem längeren Stück Landstraße finde ich endlich die gelben Pfeile wieder. Eine Gruppe Mexikaner ist unterwegs, mit ihrem dunklen Teint und den Strohhüten sehen sie zumindest so aus.

Zum Schluss treffe ich auf eine neue Gruppe von drei deutschen Pilgerinnen, die etwas älter als ich sind. Mit ihnen erreiche ich den Ort *Baamonde*. Von dem Schweizer hatte ich erfahren, dass diese Herberge laut Pilgerführer von der hübschesten *Hospitalera* der *Caminos* betreut würde. Ich bin gespannt. Die Hürde ist hoch, da ich äußerst attraktive Herbergsverwalterinnen zuvor gesehen habe und eine von ihnen könnte problemlos mit Topmodels wie Claudia Schiffer mithalten. Es bestätigt sich, dass die Information aus dem Pilgerführer nicht irreführend ist. Sie ist wirklich attraktiv.

In dieser Unterkunft treffe ich wieder die Pilger aus Leipzig sowie Cedric, der ein Konzert zum Besten gibt und die Pilgergemeinschaft der Herberge unterhält. Ole, der ebenso gut mit der Gitarre umgehen kann, wechselt ihn zwischendurch ab. Der Abend wird sehr kurzweilig.

Biermarathon

5. September, Baamonde → Sobrado dos Monxes

Das Land ist in dichtem Nebel versunken und nur wenige Meter beträgt die Sicht, als ich die Stadt verlasse, um an der Landstraße zu wandern. Parallel dazu verlaufen Schienen, die man nach wenigen Kilometern überqueren muss. An der Abzweigung steht der Kilometerstein, an dem die letzten 100 km beginnen. Ein paar Kronkorken liegen darauf, denen ich erst keine Beachtung schenke. Erst Tage später in Santiago werde ich erfahren, dass die zwei Pilger der Spaßtruppe die letzten hundert Kilometer einen Biermarathon unternommen hatten und die Flaschendeckel von ihnen stammen. In *Baamonde* hatten sie sich den Rucksack voller Bier gepackt, um jede zehn Kilometer auf den *Camino* anzustoßen. Sie stammen aus Bayern.

Der Pfad führt durch die Natur und im Wald befindet sich ein Brunnen, den man über eine von Moos überwachsene Treppe erreichen kann. Wenn man zur Quelle hinunter gelangen will, muss man zudem durch Schlamm waten. Die älteren deutschen Pilgerinnen sitzen unten.

»Du musst einen Schluck davon nehmen«, fordert mich eine der Pilgerinnen auf. »Das Wasser heilt alle Krankheiten.« Die Information stammt aus ihrem Pilgerführer.

Mein betagtes Schuhwerk befindet sich in einem Zustand, in dem es fast jeder andere schon längst entsorgt hätte. Viele hätten den *Camino* damit nicht einmal angetreten und sich im Outdoor-Laden ihres Vertrauens Schuhe besorgt, die für jede Wildnis geeignet wären. Doch so einfach trenne ich mich nicht von Dingen, die noch zu gebrauchen sind. Doch unnötigerweise durch diesen Sumpf zu waten, wodurch sie sich mit Wasser vollsaugen, das muss nicht sein. Bei der Treppe besteht eher die Gefahr, dass ich abrutsche und mir die Wirbelsäule breche, als dass mir dieses Quellwasser gut täte. Bis auf eine Erkältung plagt mich nichts. Ich will jedoch kein Spaßverderber sein, nur meine Schuhe sollten trocken bleiben. Ich entscheide mich, barfuß hinabzusteigen, um von der Wunderquelle zu kosten. Das Wasser ist eiskalt. Vielleicht bin ich nicht gläubig genug – denke ich, als ich nach diesem Erlebnis meine Füße vom Schlamm reinige und die Schuhe wieder anziehe. Die Pilgerinnen hängen an dieser Quelle fest und ich warte, bis eine Pilgerin meint, ich dürfte auch weitergehen, da sie eben nicht so schnell wären. Wie kann man sich länger als eine halbe Stunde mit einem Brunnen beschäftigen? Ich glaube weniger an Wunder als an das nasskalte Gefühl.

Der Pfad führt durch Eukalyptuswälder. Die in Nebel getauchte Landschaft ist von Spinnweben überzogen und ich komme mir vor wie in der Artussage. Die Wolken haben an diesem Tag offenbar beschlossen, das Land zu verhüllen, geisterhafte Schwaden treiben umher. Ich entwickle eine geniale Technik, damit die vielen wunderbaren Spinnennetze, in denen schwere Tautropfen hängen, auf den Fotos perfekt herauskommen. Normalerweise stellt sich die Handykamera auf das nächste Objekt ein. Da Spinnennetze aber zu dünn sind, werden sie unscharf. Wenn ich meine Hand in der Entfernung der Geflechte vor die Kamera halte und scharf stelle, um sie danach zu fotografieren, werden die Spinnennetze perfekt abgelichtet. Stolz betrachte ich das Ergebnis meiner Aufnahmen.

Wenn man sich die Eukalyptusbäume wegdenkt, wirkt die Gegend wie eine ideale Kulisse für Sagen, so, als könnte jeden Moment König Artus mit seinen Rittern der Tafelrunde durch das Dickicht brechen, oder Lanzelot auf seiner einsamen Suche nach dem Heiligen Gral umherirren. Der sagenhafte Held wäre seinem Ziel sogar sehr nahe, da sich einer Legende des Jakobsweges zufolge der Kelch in *O Cebreiro* befindet. In der Landschaft Galiciens fragt man sich oft, ob man sich überhaupt noch in Spanien befindet oder durch ein Raum-Zeit-Portal nach Schottland oder Irland versetzt wurde. Häuser sind mit Schiefer gedeckt und deren Mauern bestehen aus Sandstein. Eines davon fällt mir besonders ins Auge. Es ist liebevoll mit Sonnenblumen und Jakobsmuscheln verziert.

Ich erreiche das verschlafene Nest *Miraz*, dessen besonderes Merkmal ein quadratischer Turm ist. Er ist von gelben Flechten überwachsen wie die Kathedrale in Santiago. Besser gesagt, wie sie es einst war, bevor die Arbeiten an der Fassade begonnen hatten. In *Miraz* gibt es auch eine Bar. Auf den Straßen begegne ich niemandem, doch dort haben sich einige Leute versammelt. Auch die Seniorinnen aus Dänemark, wie ich missmutig feststelle. Als ich mir ein Bier besorge, bekomme ich mit, wie sie sich ein Taxi bestellen. Der abgerissene spanische Pilger ist auch vor Ort, notgedrungen setze ich mich zu ihm auf die Terrasse, da ich hier sonst keinen kenne. Nach einer Weile taucht ein Tieflader auf und parkt vor der Bar. Er ist mit einem so riesigen Stein beladen, wie ich es noch nie zuvor gesehen habe. Drei Meter hoch, drei Meter breit und acht Meter lang. Wofür braucht man so ein Ungetüm? Die alten Pharaonen hätten damit vielleicht etwas anfangen können, aber welchen Zweck sollte er in Galicien erfüllen? Vielleicht, um eine Kopie von Stonehenge zu errichten? Da kommt mir eine Idee, wie ich mich bei den Däninnen für ihr ungehöriges Benehmen revanchieren könnte.

»Euer Taxi ist da!«, rufe ich ihnen zu, worauf sie sofort reagieren. Sie schultern die Rucksäcke, rennen los und schauen sich um. Sie fragen bei mir nach, ich zeige zum Tieflader und sage, ihre Bestellung wäre gerade angekommen. Sie wandern um das Monstrum herum, als ein weiteres Auto erscheint. Das Taxi. Sie bedanken sich und fragen, ob ich mitfahren wolle, da ein Platz noch frei wäre, doch ich lehne dankend ab. Nachdem das Auto mit den Hobbits davongerauscht ist, überlege ich, ob dieser Scherz misslungen war. Leider hatte er seinen Zweck nicht erfüllt. Egal. Was zählt, ist pilgern und ich setze meinen Weg fort.

Als ich *Miraz* hinter mir gelassen habe, beginnt eine Traumlandschaft in allen Farben. Felsen sind mit gelben Flechten bewachsen und wechseln sich ab mit grünen Wiesen, Heide und Wald. Es ist der schönste Teil Galiciens, den die Taxi-fahrenden dänischen Pilgerinnen gerade verpassen. Das nennt sich schlechtes Karma. Das Universum hat für Ausgleich gesorgt.

Kurz vor dem Ziel gelange ich an ein Gewässer mit Seerosen, an dem ich eine Pause einlege und meine Füße erfrische.

Das Etappenziel ist nicht mehr weit. *Sobrado dos Monxes* erreiche ich nur wenige Minuten vor Torschluss, wie ich vom Mönch am Eingang der Klosterherberge erfahre. Was für ein Glück. Für diesen Tag hatte ich mich für eine längere Etappe entschieden, da die Zeit bis zur geplanten Abreise sonst knapp geworden wäre. Im Innenhof treffe ich viele Bekannte wieder. Die Spaßtruppe, die Pädagoginnen und die Pilger-gruppe aus Leipzig. Auch die Taxi-fahrenden Nervensägen sind da. An einer Bar treffe ich sogar den Spanier Iñigo, der unterwegs zwei neue weibliche Begleitungen aufgabelt hat. Was für ein Gigolo! Er scheint mir Einiges erzählen zu wollen. Wovon er ohne Punkt und Komma berichtet, verstehe ich aber kein einziges Wort.

Este besorgt eine Palette Bier und wir versammeln uns zum gemeinsamen Umtrunk auf der Klosterterrasse, von wo wir einen tollen Ausblick auf die ganze Umgebung genießen. Nach einigen Bieren wird die Stimmung ausgelassen. Eine spanische Gruppe und unsere Spaßpilgergruppe übertönen sich beim Lachen und offenbar ist die Lautstärke so angestiegen, dass spät abends ein Mönch an uns herantritt und höflich um Nachtruhe bittet. Mich beeindruckt, wie diplomatisch er Themen wie Kloster und Nachtruhe anspricht, ohne dass man ihm eine Verstimmung ansieht. Er wirkt durch seine friedvolle Art so überzeugend, dass sich alle bald zu ihren Betten begeben.

Kleinkrieg

6. September, Sobrado dos Monxes → Salceda

Um sieben Uhr morgens flammt grelles Neonlicht auf, das in meinen verquollenen Augen schmerzt und lange blendet die Helligkeit. Jemand lässt sich außergewöhnlich viel Zeit beim Packen.

»Muss das Licht wirklich die ganze Zeit an sein?«, beschwert sich nach einer Dreiviertelstunde jemand, worauf als Antwort zurückkommt, es wäre jetzt Morgen und Zeit zum Aufstehen.

Ich erkenne auch schon, wer die Ruhestörer sind. Es sind die dänischen Satansbräute. Knapp eine Stunde halten sie alle mit ihrem Theater in Atem, bis sie sich endlich aus dem Schlafsaal verziehen. Wir schalten das Licht aus und gönnen uns noch etwas Nachtruhe.

Als ich in der Küche meine Wasserflasche fülle, sehe ich absolutes Chaos. Schmutziges Geschirr, das sich auf der Ablage stapelt, Töpfe und Pfannen mit Resten von Pasta mit Tomatensauce auf dem Herd. Ich überlege, ob ich ein gutes Werk tun sollte und etwas für Ordnung sorgen, um die netten Mönche zu entlasten. Doch ich würde fast einen halben Tag dafür brauchen, um die Küche in einen einigermaßen geordneten und sauberen Zustand zu bringen. Ich verwerfe den Plan und begebe mich stattdessen auf einen Rundgang durch das Kloster. Die Kirche ist von außen sehr beeindruckend und eine Weile lasse ich die Verzierungen aus Stein und die mächtigen Glockentürme auf mich wirken. Diese sind von Leben erfüllt, Vögel haben sich in den grün bewachsenen Türmen eingenistet und schwirren beim Sonnenaufgang fröhlich umher. Von innen ist die Kirche jedoch düster und vollkommen leer. Weder Kirchenbänke, noch ein Altar befinden sich darin. Die Zeiten, in denen dieses Gebäude ein besonderes Ambiente geboten hatte, müssen in dunkler Vergangenheit liegen. Von Moos überwachsene Säulen und Wände zeugen davon, dass hier einst begabte Steinmetze am Werk waren, doch im Halbdunkel wirkt das Innere der Kirche unheimlich. Vielleicht haben sich sogar Geister eingenistet.

Der Klosterbau ist mit der Kirche verbunden und sehr weitläufig. Ich wandere mehrere Kreuzgänge entlang, die so verlassen sind wie das Gotteshaus. Bevor ich nicht mehr zurückfinden würde, kehre ich um und erkunde das Gelände außerhalb. Es gibt einen Kräutergarten, einen Friedhof und sogar eine Wassermühle, die nicht mehr in Betrieb ist. Das Klostergebäude zieht sich in die Länge und das Ganze ist eine beeindruckend mächtige Anlage, zum großen Teil aber leer und teilweise eine Ruine.

Ich beende die Besichtigungstour. Der *Camino* ruft.

Die letzten hundert Kilometer ziehen Massen an Pilgern an, die es nur auf die Compostela abgesehen haben und Spanier müssen diese Urkunde haben, wenn sie sich auf einen Job bewerben wollen. Das hatte ich häufig gehört. Das Finale ist jedoch der uninteressanteste Abschnitt aller Varianten und die Schlussetappen taugen nicht für das wirkliche Pilgerleben.

Mit der Spaßtruppe wandere ich eine Landstraße entlang, die mit dem Lineal gezogen zu sein scheint, sich aber noch im Bau befindet. Bis auf den Schweizer fallen alle nacheinander zurück, nur die Bayern hatten sich schon am frühen Morgen zum Endspurt von der Gruppe gelöst. In *Boimorto* enden die Markierungen und der Schweizer wandert viermal von Ortsanfang bis zum Ortsende mit der Nase in den Pilgerführer vertieft. Ich entscheide mich, ihn zurückzulassen und drauflos zu pilgern. Mit dem Smartphone zur Orientierung wandere ich an der Schnellstraße, bis mir Radfahrer entgegenkommen und sagen, sie wären umgekehrt, denn kilometerweit wären sie gefahren und hätten keine einzige Markierung gefunden.

Spontan entscheide ich mich für einen Wirtschaftsweg, der nach links abzweigt. Meinem GPS zufolge führt er in die korrekte Richtung.

Erst später werde ich von zwei anderen Wegvarianten erfahren, eine hätte geradeaus weiter an der Bundesstraße geführt, die andere an einer Landstraße. Mit viel Verkehr wären sie deutlich schlechtere Alternativen als mein Experiment gewesen und ohne Pilgerführer werde ich gleich auf dem kürzesten und zugleich schönsten Weg unterwegs sein, werde ich später feststellen.

Vielleicht werden Pilger hier mit Absicht nicht entlang geführt, denn rechts des Weges gibt es riesige Hallen hinter hohen Zäunen. Von Weitem schon hört man das laute Gegacker, die unverkennbaren Zeichen der Massentierhaltung. Mit Sicherheit nicht das Ambiente, in dem Tiere sich wohl fühlen. Als ich daran vorbeilaufe, fährt ein Auto vorüber und die Fahrerin schaut misstrauisch in meine Richtung, bevor sie eine Sicherheitstür passiert, die sich hinter ihr schließt. Sie hatte mich angeblickt, als hätte ich militärisches Sperrgebiet betreten. Einige Pilger, denen ich begegnet bin, waren nach dem Genuss von *Pollo* erkrankt. Wahrscheinlich infizieren sich diese Tiere bei dieser Haltung leicht mit Viren und Bakterien.

Ein Stück weiter wähle ich intuitiv unter den Abzweigungen der Waldwirtschaftswege und hoffe, dass ich nicht viele Kilometer wieder zurückgehen muss. In diesem Gebiet befinden sich Baumplantagen, die der deutschen Ordnungsliebe folgen. In einem konstanten Abstand stehen die Gewächse wie gedrillte Soldaten. Sollte diese Armee sich erheben, dann Gnade uns Gott.

Wie immer, wenn ich auf eintönigen Wegen unterwegs bin, wandern auch meine Gedanken, bis ich aus dem Wald heraustrete. Ich vollführe einen Luftsprung, als ich nach Stunden wieder eine Markierung sehe. Ein kurzes Stück wandere ich die Landstraße entlang und es folgt ein Pfad durch grüne Landschaft bergauf, bis ich die Zivilisation in Form einer eintönigen Wohnsiedlung erreiche.

Ich stelle fest, dass ich diese Stadt kenne. Ob *Camino Francés*, Primitivo oder Küstenweg, man landet immer in *Arzúa*. Hier sind keine nennenswerten Sehenswürdigkeiten zu finden, dafür eine Art Partymeile für Pilger, ein Café neben dem anderen. Am Ortsende liegt die Pilgerherberge, davor hängt ein Schild ›Ausgebucht‹. Sie ist jedes Mal belegt, wenn ich vorbeikomme. Also weiter. In *Salceda* ist eine weitere Unterkunft. Unterwegs treffe ich den in Lumpen wandelnden spanischen Chaospilger, der nicht mehr alleine unterwegs ist. Er hat eine junge Pilgerin als Begleitung aufgegabelt.

In der Herberge ist noch Platz. Nachdem ich meine Wäsche gewaschen habe, trifft ein Teil der Spaßtruppe ein. Nur die Bayern fehlen. Abends gönnen wir uns einige Biere in der Bar, die sich im nächsten Ort, einige Kilometer entfernt, befindet.

Polizeieinsatz

7. September, Salceda → Santiago

Der Saal liegt in tiefer Dunkelheit, als alle von Heavy-Metal-Musik aus dem Schlaf gerissen werden. Die Dämmerung ist noch nicht angebrochen, als ein Smartphone endlos vor sich hin dudelt. Minuten vergehen, bis auf einem der oberen Betten jemand wild strampelt. Verzweifelt versucht er, sich aus seinem Schlafsack zu befreien, was ihm nicht gelingt. Das Stockbett schaukelt derart, dass es fast umkippt. Ein anderer Pilger erhebt sich aus dem Bett, schaltet das Licht ein, findet die Lärmquelle und reicht sie ihrem Besitzer. Es ist das Smartphone des Chaospilgers. Wenig später kehrt Ruhe ein und alle legen sich wieder schlafen.

Wenn man den Schluss des *Caminos* schon zweimal gelaufen ist, wirkt jeder Kilometer doppelt so lange. Alles wiederholt sich. Der Morgennebel, die Maisfelder, die Eukalyptusbäume und der Flughafen. Der Aufstieg zum *Monte de Gozo* kommt mir jedes Mal so vor, als hätte man ihn um ein Stück verlängert. Einsetzender Regen spült den Rest von Nostalgie fort. Von Ferne erkenne ich den Spanier an seiner Kleidung wieder, es sind mehr Fetzen als Hose, die mit einer Schnur zusammengebunden sind.

Als ich neben ihm wandere, erzählt er von seinen Selbstaufnahmen. Ein Selfie mit einer Kuh, ein Selfie mit Hühnern, überall würde er sich auf diese Weise verewigen. Zum Schluss würde er ein Selfie mit seinen Füßen vor der Kathedrale aufnehmen. Das werde ich auch tun, entscheide ich spontan, was für eine tolle Idee. Ein Stück wandere ich mit ihm und seiner weiblichen Begleitung, bis er sich mitten auf dem Weg erleichtert und den vorbeikommenden Pilgern zuruft, sie sollten doch nicht so neugierig gucken. Seine zwei Gefährten ist er los.

Das Ortsschild von Santiago ist kaum wiederzuerkennen. Zuvor hatten sich ein paar Unterschriften darauf befunden, in der Zwischenzeit hat sich offenbar jeder Pilger auf dem Schild verewigt.

Nach wenigen Kilometern bin ich in der Altstadt vor dem Durchgang, an dem stets ein Dudelsackspieler musiziert. Ich kann es kaum erwarten, den Platz zu betreten und die Fassade zu betrachten. Und dabei ein Selfie meiner Füße vor der Kathedrale aufzunehmen.

Einiges hat sich an der Fassade verändert. Das Gebäude wurde in eine Großbaustelle verwandelt und ist mit einem Gerüst eingezäunt. Darüber sind Leinwände gespannt, die Teile der ursprünglichen Vorderansicht als Abbildung zeigen. Welch Glück, dass ich die Kathedrale Jahre zuvor sehen durfte, ganz ohne Baustellenflair.

Es wird Zeit, mich zur Restaurantmeile zu begeben. Ich habe eine Verabredung bei den *100 Montaditos*. Den Bayern hatte ich zuvor erzählt, dort gäbe es den halben Liter Bier für einen Euro und darauf hatten ihre Augen geleuchtet. Andernorts in Santiago wird der vierfache Preis verlangt. Ob sie diese Bar wohl gefunden haben? Tatsächlich, dort sitzen sie mit Bierkrügen und feiern das Finale des *Caminos*. Der Bierpreis hatte sich seit dem letzten Mal um 50 Cent erhöht, ist aber im Rahmen. Ein hübsche Blondine hat sich dazugesellt und ich erfahre, sie wäre den Beiden begegnet, als sie mit einem Kasten Bier gewandert wären und da hätte sie sich Sorgen gemacht. Während die Bayern eine Runde nach der anderen ausgeben, berichten sie, dass sie nach dem Biermarathon eine Stadtrundfahrt mit der Touristenbahn unternommen hätten, dem *Bähnle*, wie sie es nennen. Als Pilger nimmt man sich so den letzten Rest von Würde.

Abends findet ein weiteres Treffen statt. Die bessere Hälfte der Spaß-truppe ist angekommen und beim gemeinsamen Essen eröffnet mir Este im Vertrauen, solche Leute wie die beiden Bayern habe er noch nie zuvor kennengelernt. Der Schweizer hat noch eine Pilgerin im Schlepptau, deren Outfit ihre Oberweite äußerst stark betont. Ein toller Blickfang. Später versammelt sich die Truppe auf dem Platz vor der Kathedrale und Este verkündet, er hätte eine Revanche zum Schluss vorbereitet. Er packt eine Rolle Klebeband aus, verklebt den Bayern den Mund und setzt der ständigen Piesackerei eine Ende.

Die Herberge des Schweizers und einer der Pilgerinnen liegt unweit des Brunnens vorne in der Altstadt. Sie hatten dort reserviert, müssen aber noch einchecken. Unterdessen stößt der Rest unserer Gruppe auf das Ende des *Caminos* an. Es dauert nicht lange, da rauscht ein Streifen-wagen mit Blaulicht vorbei und hält vor der Herberge. Ein zweites Polizeiauto erscheint. Das Haus wird umstellt. Vier Uniformierte halten vor dem Eingang Wache und das Gebäude wird gestürmt. Wir beobachten das Drama aus sicherer Entfernung und es folgen Minuten voller Spannung, bis die Polizisten jemand im Schlepptau haben und aus dem Gebäude führen. Wir erkennen die Missetäter im Licht der Straßenlaterne. Es ist der Schweizer und unsere Pilgerin. Este springt mit den Worten auf, er müsse das regeln, eilt dorthin und diskutiert eine Weile mit den Beamten.

Es gelingt ihm Dank seiner guten Sprachkenntnisse, die Uniformierten zu beruhigen und kehrt mit unseren Pilgerkollegen zurück, denen das Drama höchst peinlich war. Sie wären aus dem Dachfenster der Herberge geklettert, hätten sich auf das Gerüst gesetzt und sich nichts Böses gedacht, erfahre ich. Die Verwalter hätten aber sofort die Polizei gerufen.

Wenigstens haben sie bereits eingecheckt, während ich für meine Unterkunft nur einen Keycode für die Eingangstür erhalten hatte.

In tiefer Nacht begebe ich mich zu meiner Herberge.

Wikinger

8. uns 9. September, zweiter Tag in Santiago und Abreise

Abrupt werde ich von der Herbergsverwalterin geweckt, die den Raum mit einem Staubsauger betritt. Es ist zehn Uhr und ich fühle mich stark benommen. Als meine Sinne allmählich zurückkehren, hole ich nach, was ich am Vortag verpasst habe und melde mich beim *Hospitalero* an.

Anschließend begebe ich mich wieder zu Bett, um Schlaf nachzuholen. Jedes Mal, wenn ich in Santiago ankomme, werden die Nächte länger und die Tage kürzer.

Zur Mittagszeit bin ich einigermaßen fit und besuche die Pilgermesse. Die Kathedrale hat sich innen ebenso in eine Großbaustelle verwandelt und die Stimmung wirkt beklemmend. Überall sind Gerüste aufgebaut und das sakrale Gebäude wird von Bohrgeräuschen und Hämmern erfüllt. Es verstummt, als die Messe beginnt und setzt kurz danach wieder ein. Hoffentlich ist der Umbau bald abgeschlossen, der so eine unheilige Stimmung ins Gotteshaus bringt.

Von der Spaßgruppe ist mittlerweile keiner mehr in Santiago, alle sind jetzt wohl auf dem Weg nach *Finisterre*. Zumindest war ihr Plan, morgens den Weg zum Ende der Welt anzutreten. Die Pädagoginnen vom Bodensee wollten nach ihrer Ankunft mit dem Bus direkt dorthin fahren und Pamela, die Mexikanerin, war schon drei Tage zuvor aus Santiago abgereist.

Nach der Messe entdecke ich die Leipziger Gruppe. Cedric musiziert wie gewohnt auf seiner Gitarre, Ole beschwert sich über den enttäuschenden Anblick der eingerüsteten Kathedrale. Als ich ihn auf die Compostela anspreche, erfahre ich, dass man in diesem Jahr eine ganz besondere Urkunde erhalten würde. Eine, die es nur einmal in hundert Jahren gäbe. Bei den Worten stellen sich meine Ohren auf wie die einen Luchses. Eine Jubiläumsurkunde zur 800-jährigen Pilgerschaft des Heiligen Franziskus bekäme man dieses Jahr im Kloster des Franziskanerordens.

Nachdem ich mir die Compostela besorgt habe, eile ich weiter und halte wenig später auch die zweite Urkunde in meinen Händen. PAX

ET BONUM, das Zertifikat des SANCTI FRANCISCI CONVENTUS. Welch ein Glück, dass ich dieses Jahr gepilgert bin. Sonst müsste ich hundert Jahre auf die nächste Gelegenheit warten. Eine Compostela hat fast jeder, aber dieses Papier ist ein Unikat. Welch unbezahlbarer Moment!

Auf dem Rückweg laufe ich den älteren Pilgerinnen aus *Baamonde* über den Weg und gebe die frohe Botschaft über die *Supercompostela* weiter, bevor ich mich zum Pilgermenü in die Warteschlange begebe. Das Essen ist gratis und man sollte sich für einen der zehn begehrten Plätze eine Stunde vorher beim *Hospital dos Reis Católicos* anstellen. Einige von den Wartenden haben Ähnlichkeit mit Wikingern, wenn man von den fehlenden Helmen absieht. Sie stammen aus Dänemark. Einer von ihnen erzählt eine Anekdote von einem Pilger, der unterwegs all sein Geld verloren hatte und trotzdem seinen Weg bis zum Schluss fortsetzten konnte. Alle hätten ihn ohne zu Zögern unterstützt und so hätte sich ihm der *Spirit of the Camino* offenbart. Offensichtlich gibt es auch nette Menschen in Dänemark. Bevor sich jemand am Essen bedienen darf, trägt der Däne ein Gebet vor, von dem ich kein Wort verstehe. Anschließend klärt er alle auf, dass es Norwegisch war und ich bin froh, dass ich mich endlich auf den leckeren Gemüseauflauf stürzen darf.

Das Pilgermenü ist eine wunderbare Tradition, aber nicht nur deswegen, weil es gratis ist, sondern da man ganz zum Schluss noch interessante Leute kennenlernt.

Auch ein Koreaner ist beim Menü anwesend. Auf die Frage der Dänen, von wo er gestartet wäre, antwortet er, *Sarria*. Die Enttäuschung ist allen anzusehen, da er nur den hundert-Kilometer-Minimarsch unternommen hatte, der für die Compostela erforderlich ist. Vor tausend Jahren hätten die Wikinger ihn wohl angekettet und mit Äxten nach ihm geworfen. Ihre Nachfahren reagieren aber friedlich und rümpfen nur die Nase.

*

Am frühen Morgen ist die Heimreise geplant, der Flug, der mich aus der Parallelwelt holen und in die Realität zurückbringen wird. Auch wenn der *Camino* sich im hier und jetzt befindet, erscheint mir die Distanz zum wahren Alltag stets so groß, als befände ich mich in einem anderen Universum.

Beim Rückflug entdecke ich eine spanische Ein-Cent-Münze in meiner Tasche und betrachte ihre Rückseite. Der Anblick der Kathedrale von Santiago de Compostela macht mir ihre besondere Bedeutung bewusst. Dort befindet sich der Punkt, an dem sich Menschen aus aller Welt treffen und es ist das Ziel aller Jakobswege Europas. Auf dem Weg begegnet man allen Arten von Menschen, vom Obdachlosen bis zum Prominenten.